U1012714

中国桥牌竞赛规则
2018

中国桥牌协会　审定

人民体育出版社

图书在版编目(CIP)数据

中国桥牌竞赛规则. 2018 / 中国桥牌协会审定. –北京：人民体育出版社，2019
ISBN 978-7-5009-5455-2

Ⅰ. ①中… Ⅱ. ①中… Ⅲ. ①桥牌–竞赛规则–中国–2018 Ⅳ. ①G892.14

中国版本图书馆 CIP 数据核字(2018)第 237345 号

*

人民体育出版社出版发行
三河紫恒印装有限公司印刷
新 华 书 店 经 销

*

787×960 32 开本 7.75 印张 134 千字
2019 年 4 月第 1 版 2019 年 4 月第 1 次印刷
印数：1—3,000 册

*

ISBN 978-7-5009-5455-2
定价：35.00 元

社址：北京市东城区体育馆路 8 号（天坛公园东门）
电话：67151482（发行部） 邮编：100061
传真：67151483 邮购：67118491
网址：www.sportspublish.cn
（购买本社图书，如遇有缺损页可与邮购部联系）

前　言

《中国桥牌竞赛规则》是指导中国桥牌竞赛的法规性文件。本规则就我国桥牌竞赛的赛场和器材要求、竞赛组织方法、牌桌上的程序、赛场管理、成绩管理、程序性判罚和纪律性判罚，以及申诉和仲裁等方面做了详细的规定。所附中文版世界桥牌联合会《复式桥牌规则》2017版是本规则的重要组成部分。

这部规则，突出了我国桥牌竞赛的特点，同时也贯彻了世界桥联规则的基本原则，是一部符合我国实际情况的规则。桥牌活动的组织者和参与者，都应该熟悉、掌握、运用桥牌竞赛规则，以提高桥牌技术水平，促进我国桥牌运动的健康发展。

在本规则的制定过程中，中国桥牌协会组织国内部分国家级裁判、资深教练、优秀牌手及专家，对世界桥联2017版《复式桥牌规则》进行了认真研究，咨询了世界桥联有关专家并结合我国桥牌竞赛的实际情况，经过广泛征求意见后，于2018年最后定稿。

在编审这部规则的过程中，我们得到了国内外桥牌界有关人士的大力支持和帮助，在此表示诚挚的谢意。

中国桥牌协会

目　录

中国桥牌竞赛规则 2018

复式桥牌规则 2017

第一章　桥牌竞赛

第一条　器 材

一、牌

比赛用牌的基本尺寸为长87～88毫米，宽57～58毫米。牌张背面图案对称，并且有均匀的白边。牌面不得有污损、划痕。同一副牌的牌张背面图案、颜色和白边的色度一致。

二、牌套

牌套上标明牌号、与规则规定相一致的发牌人和局况。使用发牌机预发牌时，牌套上有发牌机可以识别的牌号。

三、叫牌工具

（一）叫牌卡

用于竞叫的专用卡片。每桌配备四盒，每盒叫牌卡包括实质叫牌卡（1♣～7NT各1张，共35张）、不叫卡（“PASS”6张）、加倍卡（“×”4张）、再加倍卡（“××”2张）、提醒卡（“ALERT”1张）和停止叫牌卡（“STOP”1张），均装在叫牌盒中。

（二）叫牌纸

在未使用叫牌卡的情况下，采用叫牌纸书写叫牌。叫牌纸上标明牌号、发牌人和局况。

四、牌桌

比赛牌桌为边长90～100厘米、高73～75厘米的正方形牌桌，每桌配备四把椅子和两张茶几。

五、屏幕

1. 在牌桌上方沿对角线设置屏幕，北家和东家在同一侧，南家和西家在另一侧。屏幕中央下方设置由南家和西家一侧开闭的窗口。在牌桌下方沿对角线设置挡板。

2. 屏幕长至少超出桌面对角线40厘米（即每边至少超出20厘米），高80厘米。窗口长60厘米，高20厘米，下方留有2～3厘米高的空隙。

六、推盘

推盘中央为牌套放置区（与牌套配套），四周为叫牌卡放置区，并且标注方位。推盘的颜色不得采用红色、绿色或者蓝色。

七、使用规定

对上述器材的规格和使用，主办单位可以另行规定。

第二条　其他设备

一、标识

包括比赛场地背景板、比赛场地标识、工作室标识、导示标识和桌号等。

二、比赛表格

包括比赛时间表、比赛成绩表、比赛安排表、轮次表、比赛分换算表、记分表、出场表、罚分通知单和申诉表等。

三、比赛辅助设备

包括发牌机、电子信息采集设备、转播录入台、记分夹板、询问及解释用纸和文具用品等。

四、电子办公设备

包括计算机、打印机、复印机、耗材、电源和网络设施等。

五、显示设备

包括投影仪、平板电视、倒计时钟或者标准时钟。

六、音响设备

包括固定音响和便携音响。

第三条 场地要求

一、比赛场地

每张牌桌占用面积不少于9平方米；采用相同牌型的比赛，每张牌桌占用面积不少于12平方米。比赛场地主要通道宽度不少于1米，有充足、均匀的灯光照明，在使用屏幕时桌面不出现阴影，设饮水区，比赛场地疏散通道和安全出口畅通。

二、转播比赛场地

单独设置转播比赛场地时，每张牌桌占用面积不少于20平方米。转播桌与其他牌桌在同一场地时，应加以隔挡，确保计算机屏幕不被转播录入员以外的人员看到。

三、转播厅

设置若干个投影屏幕（或者大屏幕电视）和足够的观众座位。观众座位与投影屏幕间保持适当间隔。转播厅与比赛场地必须隔音。

四、场外大厅

面积相当于比赛场地总面积的四分之一，用于赛会信息公告、出场名单公布、结分、比赛成绩公布和人员疏散。场外大厅有充足的照明，与比赛场地隔音。

五、办公用房

2～3间，每间面积不少于20平方米，位于比赛场地附近。

六、卫生间

位于比赛场地附近，团体赛开、闭室分别配有卫生间。

第四条　场地布置

1. 比赛场地内可以设比赛主体会标或者背景板。
2. 比赛场地内设倒计时钟或者标准时钟。
3. 比赛场地各区域有比赛所需标识。
4. 场外大厅设置成绩公布区和公告区。
5. 每张牌桌上标明方位。打同场牌时，相邻牌桌调整方位，减少运动员无意间看到其他方位牌情的机会。

第五条　竞赛形式

一、团体赛

由4～6名运动员作为一个队参加的比赛，每队上场4名运动员，分坐开、闭室各一桌。在某些团体赛中，可以由更多运动员组成一个队，每场比赛分更多牌桌进行。

二、双人赛

由两名运动员组成搭档作为一个参赛者参加的比赛。

三、个人赛

由一名运动员作为一个参赛者参加的比赛。

四、公开赛

所有运动员均可参加的比赛。

五、男子赛

只允许男运动员参加的比赛。

六、女子赛

只允许女运动员参加的比赛。

七、混合赛

由男运动员与女运动员组成搭档参加的比赛。女运动员坐东家或者南家，男运动员坐西家或者北家。

八、特殊混合团体赛

由男、女运动员分别搭档组队参加的比赛，上场阵容必须由一对男运动员和一对女运动员组成。女运动员坐南北方向，男运动员坐东西方向。

九、其他形式的比赛

主办单位可以规定其他的比赛形式。

第六条　叫牌体系

一、叫牌体系分类和标识颜色

1. 绿色——自然体系。

2. 蓝色——强梅花或者强方块体系。开叫1♣或者1◆总是表示强牌。

3. 红色——人为体系，包括除黄色体系和蓝色体系以外的所有人为体系①。

4. 黄色——高度非常用体系，指符合下列任何一条的体系：

（1）在开叫位置的不叫，表示至少有通常1阶开叫牌力，即使其中可能包括弱牌。弱牌指大牌点低于平均牌力的一手牌。平均牌力指有10 大牌点并且没

---

①例如：（1）某体系的1♣开叫表示三种类型——♣套，特定范围的均型牌，或者强♣开叫。（2）某体系的基本方法（不包括无将范围）按照位置、局况等发生变化。

有牌型价值的一手牌。

（2）1阶开叫可以比不叫更弱。

（3）1阶开叫可以低于平均牌力一个K。

（4）1阶开叫表示某个特定花色是长套或者短套。长套指3张或者更多，短套指2张或者更少。

（5）1阶开叫表示某个特定花色或者另外一个花色是长套。

二、棕色约定叫

1. 下列约定叫为棕色约定叫：

（1）任何2♣至3♠的开叫，表示可能为弱牌，并且弱牌时不明确指定某个已知花色至少4张①。

但是下列开叫不属于棕色约定叫：一个2阶低花开叫，表示任意高花的弱2开叫，无论是否有强牌选项（16大牌点或者更多）。此时，对手可以在比赛中查阅书面准备的防守措施。

（2）对自然1阶单套开叫的争叫，不明确指定某个已知花色至少4张。

但是下列争叫不属于棕色约定叫：自然无将争叫；扣叫显示强牌，强牌指大牌点高于平均牌力至少

①一个2♣至3♠的开叫，它的所有弱牌情况表示一个已知花色至少4张，强牌情况显示比平均牌力至少多一个K，则不是棕色约定叫。

一个K 的一手牌；针对对方已知花色的跳扣叫，要求搭档在该花色有止张时叫3NT。

（3）任何2阶或者3阶弱两套牌叫牌，可以在其中一个花色中只有3张或者更少。

（4）体系保护或者体系要求的心理叫。发生的频率足够使作出叫牌者的搭档知道可能存在重大歪曲的叫牌，为基于搭档间协议的叫牌，不属于心理叫。

2. 使用棕色约定叫的运动员必须在体系分类栏中注明棕色。

3. 对抗逼叫性人为开叫、棕色或者黄色体系的约定性争叫，不属于棕色约定叫。

4. 不得采用可能低于8大牌点并且没有进一步描述的开叫。

三、对抗黄色体系和棕色约定叫的防守措施

1. 使用黄色体系或者棕色约定叫的运动员，必须提交清晰明确的针对自己体系或者棕色约定叫的防守措施。

2. 为对抗黄色体系，使用绿色、蓝色、红色体系的运动员可以改变他们的体系（包括开叫），但是使用黄色体系的运动员不可以改变他们的开叫。

3. 使用黄色体系或者棕色约定叫的运动员，必须书面告知对方本方针对防守措施的反措施，其中不得

改变他们体系中高度人为的部分。

4. 对抗黄色体系和棕色约定叫的运动员可以书面准备防守措施。该防守措施应该按照规定时间提交。

5. 防守措施的查阅：

（1）使用黄色体系或者棕色约定叫的运动员为对方提供的防守措施和针对防守措施的反措施仅供对方查阅。

（2）为对抗黄色体系或者棕色约定叫而设计的防守措施，双方均可查阅。

6. 提交时间：

（1）黄色体系和棕色约定叫以及为对方准备的防守措施，于报名时向主办单位提交清晰明确的电子版文档。主办单位予以公布或者分发给各相关参赛队。

（2）对抗黄色体系和棕色约定叫的防守措施，于报到时向主办单位提交书面文档。使用黄色体系和棕色约定叫的参赛队可以向主办单位查询。

（3）针对黄色体系和棕色约定叫的防守措施的反措施，于当场比赛开始前书面提交给对方。

四、叫牌体系使用规定

1. 两队直接对抗16副（含）以下的比赛不得使用黄色体系和棕色约定叫。

2. 主办单位可以规定，对于某些特殊的约定叫，使用者必须同时提供完整、清晰的书面防守措施方可使用。

3. 主办单位可以规定比赛是否允许使用某类叫牌体系。

五、心理叫

1. 心理叫指蓄意作出的对大牌牌力或者花色长度有重大歪曲的叫牌。

2. 只有叫牌者的搭档与对手同样无法预期的情况下，心理叫才允许使用。

3. 主办单位可以对心理叫的使用作出限制。

第七条　防守信号

1. 运动员自行设计的，在防守时通过打出牌张的花色、大小、次序等方式传递自己持牌信息的方法，为防守信号。

2. 防守信号必须充分公开。运动员不得采用只有防守方自己了解的信号。

第八条　体系卡

1. 体系卡用于运动员公布所用叫牌体系和防守信号。体系卡的样式由主办单位规定。

2. 运动员应该按照主办单位要求在比赛前提交体系卡。每位运动员参赛时必须携带体系卡。体系卡用中文填写，其中可以有桥牌专用英文符号（但是必须保证含义清晰）。

3. 运动员必须全面并且充分地公开自己一方体系中的所有约定和叫牌处理方法、打牌信号以及对叫牌及打牌含义基于经验和风格的了解。

4. 约定内容应该填在体系卡中，如果内容较多应该在附页中加以补充。填写时，必须完整、清晰、准确描述牌力、牌型及后续发展进程，不得以简称替代具体内容。没有填写在体系卡中的约定内容不得使用。使用黄色体系或者棕色约定叫的运动员必须提供他们的叫牌和后续发展的完整描述。

5. 运动员在叫牌、打牌期间不得查阅己方的体系卡、笔记和一切可以帮助记忆的工具（如叫牌卡上的分数等）。

第二章 竞赛组织

第九条 组织机构

一、主办单位

主办单位应该遵守本规则，制定比赛规程、规定，确定场地器材，排定赛事日程，接受报名，选派裁判、仲裁委员和工作人员，公布成绩，奖励优胜，做好与比赛相关的各项工作。

二、承办单位

承办单位负责落实场地器材，选派辅助人员，保障赛事进行，确保赛事安全，做好后勤服务。承办单位还负责主办单位委托的其他赛事组织工作。

三、组织委员会

比赛期间，组委会行使主办单位的部分权力。

第十条　参赛程序及管理

一、报名和报到

1. 参赛队（对）应该在规定的时限内完成报名和报到手续，否则不得参加比赛。

2. 同一人不得在同一比赛项目中兼任其他队的领队、教练员或者运动员。

3. 已报名队（对）不得无故不参加比赛。

二、领队

1. 参赛队必须设领队或者指定一人行使领队职责。

2. 领队的职责：

（1）作为参赛队的正式代表，是参赛队的责任人。

（2）督促本队成员维护社会公德，加强公共意识，注重桥牌礼仪，遵守主办单位的各项规定。

（3）按时参加领队会，并且将领队会的内容准确、详尽地告知本队成员。

（4）保证本队运动员按组委会要求按时参加比赛开、闭幕式以及组委会组织的其他必须参加的活动。

三、教练员

负责本队技术方面事宜，并协助领队做好本队各项参赛工作。未设领队时，由教练员代行领队的职责。

四、运动员

1. 运动员应该符合竞赛规程对运动员参赛资格的规定。

2. 未经裁判特别许可，一节比赛中不得更换运动员；双人赛中不得由三名或者三名以上运动员组成一对搭档参加比赛。

3. 团体赛中，如果有运动员无法正常继续比赛，不得由不在本队报名名单中的运动员替补参赛。

4. 外籍运动员及翻译：参赛队（对）中包含（有）外籍运动员的，必须为不能用中文进行正常交流的外籍运动员配备翻译。翻译视同为运动员进行管理。

五、相关队

1. 在以中国桥协单位会员资格参加的比赛中，同地域的队为相关队，拥有同一个出资方或是同一法人的队也为相关队。

其他比赛中，主办单位对相关队的判定标准做出规定。

2. 相关队按照不相遇、早相遇的原则编排。

3. 双人赛和个人赛中，来自同一单位的选手按照不相遇、早相遇的原则编排。

第十一条　竞赛工作人员

一、技术代表

技术代表由主办单位选派，是主办单位的正式代表。负责监督并且确保比赛按照规程、规则和相关规定正常进行，负责所有竞赛工作人员的管理、工作调整和工作衔接，是竞赛方面所有技术问题的最后决定者。未设技术代表时，由主办单位指定的人员代行技术代表的职责。

二、裁判

1. 裁判由主办单位选派。

2. 中国桥牌协会主办的全国性竞赛，裁判长、编排长和副裁判长由国家级裁判员担任，裁判员由国家级或者一级裁判员担任。

3. 裁判长负责整个赛事的比赛组织，安排副裁判长和裁判员的工作。副裁判长和裁判员是裁判长的助手，具体负责某项比赛、某个比赛场地或者某个区域的比赛组织。

4. 编排长负责比赛编排。未设编排长时，由裁判长代行编排长的职责。

三、记录长

负责比赛的成绩收集、统计和公布比赛结果，收集并且检查比赛记录，对违例的纠正和处罚进行记录。按照裁判长的指令，在规则允许范围内，对比赛成绩进行更正。

四、电子系统主管

负责比赛中计算机网络的保障、电子信息采集设备系统运用、比赛转播系统运用，使用计算机进行编排和成绩管理。

五、发牌主管

负责比赛用牌的预发、管理和保密工作。发牌主管由主办单位选派。

六、竞赛辅助人员

1. 传牌员：负责比赛用牌的发放、传递、回收和记分表的发放、收集，协助进行比赛场地管理。接受裁判指导并服从管理。

2. 发牌员：负责预发比赛用牌。接受发牌主管的指导并服从管理。

3. 计算机录入员：负责转播录入、比赛成绩录入。接受电子系统主管的指导并服从管理。

第十二条　裁判的职责和权力

1. 遵守并执行比赛规程、规则和相关规定。
2. 对场地、器材、设施的布置进行指导和检查。
3. 负责竞赛编排。
4. 维护比赛场地秩序，保证竞赛正常进行。
5. 发现并且解决争议。
6. 收集、整理和公布成绩。
7. 接受申诉并且送交仲裁委员会。
8. 撰写和提交竞赛报告。
9. 主办单位授权裁判行使的其他职责和权力。
10. 主办单位或者技术代表可以将部分裁判职责和权力交由其他人员负责。

第十三条　裁判执场要点

1. 宣布比赛开始、结束，提醒比赛时间。
2. 宣布比赛特别要求和注意事项。

3. 对比赛的场地分配、座位安排和器材准备进行赛前核实检查。

4. 收集参赛队出场人员名单，核对上场人员。

5. 执场时，随身携带规程、规则和相关规定。

6. 在竞叫或者打牌期间，裁判应正确地把握牌桌上询问的时机与方式，避免传递非法信息。

7. 出现争议时，全面调查事实情况，完整告知规则选项，公正、准确作出裁决，适时宣布裁决。

8. 根据非违规方的请求，可以允许非违规方放弃纠正权。

9. 对可能存在争议的裁决，告知申诉权，并说明申诉的程序和时限。

10. 接受所有符合程序要求的申诉，及时送交仲裁委员会处理。

11. 在规则规定的时限内，对以任何方式察觉的错误或者违例加以纠正。

12. 扣罚比赛分数时及时告知参赛者。

13. 遇有突发事件时，保持冷静，及时稳定比赛场地秩序。需要组织离场时，保证安全有序。

第十四条　确定比赛办法

1. 裁判负责根据比赛规程确定具体的比赛办法、

编排办法、种子队和相关队。

2. 裁判负责将比赛办法、编排办法、种子队和相关队公告参赛者。

3. 裁判负责抽签决定各参赛者的分组与参赛号。

第十五条　淘汰赛的编排

一、单败淘汰赛

（一）单败淘汰赛的组织方法

1. 确定比赛的轮数及每轮比赛牌数。

2. 抽签确定各参赛队的参赛号和比赛位置。

3. 按照单败淘汰赛编排表组织比赛。各对阵区域的种子队号之和相等；有轮空时，从1号种子队开始依次安排轮空。

（二）种子队

1. 确定原则：强队设为种子队，种子队数一般为2的整数幂。

2. 种子队位置：最强的种子队列为1号，次强的队列为2号，依此类推。

二、双败淘汰赛

1. 标准编排：败区保留的队数与新进入败区的队数相等。败区每轮中，全部为败区胜队之间的比赛，或者全部为败区胜队与新进入败区队之间的比赛。

2. 紧凑编排：不要求败区保留的队数与新进入败区的队数相等。败区每轮中可能既有败区胜队之间的比赛，也有败区胜队与新进入败区队之间的比赛。新进入败区的队各轮交替自高至低或自低至高安排对手。

三、分区淘汰赛

分阶段进行的比赛，根据上一阶段比赛成绩将进入淘汰赛的队进行分区，不同分区内的队分别进行单败、双败或者多败淘汰赛。

四、淘汰赛对手的选择

分阶段进行的比赛，可以规定上一阶段名次列前的队，有权在相应范围内优先选择淘汰赛对手。若第一阶段分多组时，各组的第一名在第二阶段挑选对手时拥有同等的权利。

第十六条　循环赛的编排

1. 抽签前应该公布比赛轮次表。

2. 分组循环赛可以依据以往比赛成绩或参赛队运动员大师分积分情况确定种子队。如有相关队，应平均分在各组。

3. 根据前期成绩确定循环赛队号的编排中，有两支相关队（一组或多组）须提前相遇时，保持相关队中排名最靠前的队号不变，以此确定另一相关队的队号，再依次排列其他不相关队的队号。遇有三支（含）以上队两两相关需要提前相遇时，由主办单位确定编排方法。

4. 双循环赛或者多循环赛中的第二循环起，各队的队号为之前所有循环结束时的排名。

第十七条　积分编排赛

1. 积分编排赛：以积分的相同或者相近为原则决定比赛编排的比赛。两队之间不重复相遇，按照最后积分确定名次。

2. 特殊积分编排赛：参赛队数为2^n个以内，进行n轮比赛。第二轮起分别按胜区和败区编排，当胜区为单数队时败区成绩最好的队进入胜区，各区内按积分编排对阵。胜区最后一支胜队获得冠军，以后名次则按最后积分确定。

3. 一般第一轮对阵安排强队对弱队。

4. 分阶段进行的积分编排赛：

（1）下一阶段的比赛不带分进行时，按照前一阶段比赛积分，高分对低分编排第一轮对阵。

（2）下一阶段的比赛带分进行时，按照带分相同或者相近编排第一轮对阵。

（3）同一阶段内，两队之间不重复相遇。

5. 编排中遇积分相等的情况：

（1）可以即时区分同分队的排名时（如采用计算机进行编排），根据排名进行编排。

（2）无法即时区分同分队的排名时，单数轮从小号队排序到大号队（小号队排在前），双数轮时从大号队排序到小号队。

6. 单数队积分编排赛，每轮积分最少的队轮空，一个队只能轮空一次，轮空队该轮得分为平局时的1.2倍。

7. 积分编排赛最后一轮之前，有参赛队一定获得阶段第一名时，不安排该队参加本阶段剩余的比赛。同时有参赛队一定获得阶段第二名时也不安排该队参加本阶段剩余的比赛，以此类推。该队本阶段剩余比赛的得分为其之前所有场次的平均得分。但对于分阶段进行的积分编排赛，下阶段带分进行时，仍应安排这些队参加本阶段剩余的比赛。

8. 已经编定下一轮比赛编排后，发现此前比赛中有需要更正成绩的情况，如在一个阶段比赛最后两轮中出现，在比赛未开始时应该按照更正后的成绩重新编排后进行比赛；其他情况下，当时间不足以更改编排时，比赛可以按照原编排继续进行。

第十八条　主客队

一、主客队确定

（一）循环赛

比赛轮次表中，队号在前的队为主队。

（二）积分编排赛

比赛对阵表中，队号在前的队为主队。一般安排单数轮对阵双方中的小号队为主队，双数轮大号队为主队。

（三）淘汰赛

1. 按照前一阶段成绩进入淘汰赛时，前一阶段名次排名在前者为主队。直接进入淘汰赛阶段比赛的队伍均为主队。

2. 没有前一阶段比赛成绩作为依据时，由主办单位决定主客队的办法，或者由抽签决定。

（四）加赛

加赛中主客队不变。

二、座位

主队在开室坐南北，在闭室坐东西。客队在开室坐东西，在闭室坐南北。

三、座位选择权

（一）循环赛及积分编排赛

双方均无座位选择权。

（二）淘汰赛

1. 偶数节淘汰赛：先由抽中签的队挑选其中的一节有座位选择权，再由未抽中签的队在剩余的各节中挑选一节有座位选择权，如此交替选择，直至选完。

2. 奇数节淘汰赛：最后一节双方均无座位选择权，其他各节按上述1项进行。

3. 主办单位可以做出其他的规定。

（三）加赛

双方均无座位选择权。

（四）使用黄色体系或者棕色约定叫的队

有使用黄色体系或者棕色约定叫搭档的队无座位

选择权，对方队（没有使用黄色体系或者棕色约定叫的搭档）有座位选择权。对阵双方均有使用黄色体系或者棕色约定叫的搭档时，按照本款（一）至（二）确定座位选择权。

第十九条　公布出场名单

一、公布次序

1. 双方均无座位选择权时，同时公布出场名单。

2. 一方有座位选择权时，无座位选择权的队先公布出场名单，有座位选择权的队后公布出场名单。

二、公布方式

1. 直接入座。
2. 填写出场表。
3. 网络公布出场名单。

三、公布时间

（一）直接入座

1. 比赛开始前5分钟，双方运动员同时入座。

2. 如果对阵双方均等待对方先入座，则及时召请裁判，采用同时独立填写出场表的方式确定出场名单。

（二）填写出场表

1. 双方均无座位选择权时，比赛开始前10分钟，双方同时独立填写出场表公布出场名单。

2. 一方有座位选择权时，比赛开始前15分钟，无座位选择权的队公布出场名单；之后直至比赛开始前5分钟，有座位选择权的队公布出场名单。

（三）网络公布出场名单

参照填写出场表方式确定公布时间。公布时间同时为系统对外显示时间。主办单位可另行规定公布时间。

四、更改出场名单

参赛者公布了出场名单或者运动员已入座后，如果出现意外情况一方需要更改出场名单，必须经裁判长同意，并且此时对方拥有座位选择权。

第二十条 比赛用时

1. 比赛时限：
8副牌——1小时5~10分钟；
12副牌——1小时40分钟；
16副牌——2小时15分钟；
20副牌——2小时50分钟。
其他比赛副数的打牌时限，按照使用屏幕时每副牌用时8.5分钟、未使用屏幕时每副牌用时7.5分钟计算。

主办单位可以视具体情况规定更长或者更短的时限。

2. 双人赛和个人赛，每次移位增加1分钟移位时间。

3. 需要复制比赛用牌时，按照每复制一副牌1分钟的时间增加相应的比赛用时。

4. 主办单位可以对打牌过快作出限制，规定运动员比赛用时不得少于比赛时限的三分之二，否则参照比赛超时相关规定处罚。

第二十一条　迟到

一、团体赛

（一）计VP的比赛

迟到0^{+}～5分钟：扣0.5VP；

迟到5^{+}～10分钟：扣1VP；

迟到10^{+}～15分钟：扣2VP；

迟到15^{+}～20分钟：扣3VP；

迟到20分钟以上：以弃权论。

（二）计IMP的比赛

迟到0^{+}～5分钟：扣1IMP；

迟到5^{+}～20分钟：每1分钟加扣1IMP（未满1分钟按1分钟计）；

迟到20分钟以上：以弃权论。

（三）由于迟到而导致不能完成所有牌副，按每8分钟1副牌计，未打的牌每副补偿非违规方3IMP。

二、双人赛和个人赛

（一）比赛分制

迟到0^{+}～5分钟：扣1副牌顶分的10%；

迟到5^{+}～10分钟：扣1副牌顶分的20%，酌情减打1副牌，该副牌违规方得平均负分，非违规方得平均正分；

迟到10分钟以上：每5分钟加扣1副牌顶分的20%，不足5分钟按5分钟计算，酌情减打相应牌副数，每副牌违规方得平均负分，非违规方得平均正分；

迟到一轮：判违规方弃权一轮；

迟到两轮：取消比赛资格。

（二）IMP制

迟到0^{+}～5分钟：扣1IMP；

迟到5^{+}～10分钟：扣3IMP，酌情减打1副牌，该副牌违规方得-3IMP，非违规方得3IMP；

迟到10分钟以上：每5分钟加扣3IMP，不足5分钟按5分钟计算，酌情减打相应牌副数，每副牌违规方得–3IMP，非违规方得3IMP；

迟到一轮：判违规方弃权一轮；

迟到两轮：取消比赛资格。

三、可能知道牌情的比赛

使用转播或者成绩显示系统的情况下，运动员迟到时，可能有部分牌情通过网络或者现场显示已经公布，则：

根据迟到时间及比赛最快进程决定取消牌的副数，因迟到而取消的牌不再补打。团体赛时每副牌补偿对方3IMP；双人赛时每副牌迟到方得平均负分，对方得平均正分；个人赛时每副牌迟到者得平均负分，未迟到者得平均正分。

第二十二条　超时

一、团体赛超时

（一）计VP的比赛

超时0^+～5分钟：扣1VP；

超时5^+～10分钟：扣1.5VP；

超时10^+～15分钟：扣2VP；

超时15^+～20分钟：扣2.5VP；

超时20分钟以上：停止比赛，取消的牌之外，未完成的牌判给调整分。

（二）计IMP的比赛

超时0^+ ~ 20分钟：每超时1分钟扣责任方1IMP（未满1分钟按1分钟计）；

超时20分钟以上：停止比赛，取消的牌之外，未完成的牌判给调整分。

二、双人赛和个人赛超时

（一）比赛分制

超时0^+ ~ 2分钟：扣一副牌顶分的5%；

超时2^+ ~ 5分钟：扣一副牌顶分的10%；

超时5^+ ~ 10分钟：扣一副牌顶分的20%；

超时10分钟以上：停止比赛，扣一副牌顶分的20%，责任方未开始打的每副牌得平均负分，无责任方未开始打的每副牌得平均正分。

（二）IMP制

超时0^+ ~ 2分钟：扣1IMP；

超时2^+ ~ 5分钟：扣3IMP；

超时5^+ ~ 10分钟：扣6IMP；

超时10分钟以上：停止比赛，扣6IMP，责任方未开始打的每副牌得-3IMP，无责任方未开始打的每副牌得3IMP。

三、超时的处理方法

1. 根据比赛需要，裁判可以减少允许超时的时间，但是必须在该场（轮、节）比赛规定的结束时间30分钟之前公布。

2. 到比赛规定的结束时间时，未作出叫牌的牌全部取消，已经作出叫牌的牌必须打完，允许超时的时限应在比赛补充规定中予以明确（仍然自比赛规定的结束时间起计算超时罚分）。

3. 超时扣分为双方扣分的和，按各方应负责任比例分别处罚。一方运动员如认为对方拖延比赛时间，应该立即向裁判报告，由裁判或其安排的人员通过观察决定双方应负责任比例。淘汰赛也按此方式处罚。

四、打牌过快的处罚

主办单位可以对打牌过快作出限制，此时参照比赛超时相关规定处罚，各扣规定分数的二分之一。

第二十三条　弃权及其处理

一、团体赛

1. 连续弃权两场或者间断弃权三场的队取消比赛资格。分节的比赛中，弃权一节即为弃权一场。

2. 淘汰赛弃权：

（1）完成当场比赛三分之二节次，或者弃权者后期再无比赛时，按照正常弃权处理。

（2）未完成当场比赛三分之二节次，并且弃权者后期仍有比赛时，按照无故弃权处理。

3. 循环赛中，被取消比赛资格的队参赛场数如未达到当前阶段比赛总场数的二分之一，所有与其比赛过的成绩予以取消；如已达到当前阶段比赛总场数的二分之一，所有与其比赛过的成绩予以保留，其他队成绩按本规则第二十四条所述计分。

二、双人赛和个人赛

连续弃权两轮或者间断弃权三轮取消比赛资格。

三、分阶段比赛

分阶段的比赛，已经进入下一阶段的参赛者弃权，不从上一阶段未出线的参赛者中递补。

四、无故弃权

弃权必须经裁判长同意，未经裁判长同意的弃权为无故弃权。循环赛或积分编排赛最后一场如果无故弃权，则不得进入下一阶段。无故弃权者的名次降为本阶段比赛最后一名，并且可能给予弃权者进一步处罚。

五、蓄意弃权

意在严重影响比赛中其他参赛者成绩，或者淘汰赛中领先一方的弃权为蓄意弃权。蓄意弃权者取消本次比赛资格，并且将可能受到进一步处罚。

第二十四条　弃权后的计分

一、团体赛

（一）计VP的比赛

1. 弃权方当场（轮）的VP、IMP、TP均为0分。

2. 非弃权方当场的VP按下述方法中最高的一项计分：

（1）非弃权方当前阶段以前几场比赛的平均VP数；

（2）用20减去弃权队当前阶段前几场比赛的平均VP数（本项以采用20:0VP制为例，其他VP制需做相应调整）；

（3）平局时VP得分的1.2倍，一般为12VP。

3. 弃权场次的IMP值和TP值均不参与IMP率和TP率的计算。

（二）一副一比比赛

1. 弃权方当场（轮）的比赛分、TP均为0分。

2. 非弃权方当场的比赛分按每副牌1.2比赛分（以1、0.5、0计分时，则为0.6分）计；TP按每副牌得10基本分计。

（三）场分制比赛

1. 弃权方当场（轮）的场分、VP、IMP均为0分。

2. 非弃权方当场的场分为2分。其他的后续得分为：

（1）以VP换算的场分制中，按本款（一）2执行。

（2）以IMP换算的场分制中，IMP按2场分对应IMP的最小值计。

二、双人赛和个人赛

（一）比赛分制

弃权方每副牌得平均负分；非弃权方每副牌得平均正分，但是一节（场）比赛中得平均正分的牌副不超过2副，其他牌副得平均分。

（二）IMP制

每副牌弃权方得-3IMP；非弃权方得3IMP。

（三）场分制

1. 弃权方当节（轮）的场分及其他的后续得分均计为0分。

2. 非弃权方的场分为一节（轮）平局时的1.5倍；其他的后续分数分别按本款（一）或者（二）计算。

第二十五条　中途退出比赛的计分

一、中途退出比赛

一场比赛期间，因运动员特殊原因不能完成比赛，或者因纪律性处罚使一方不能完成比赛，均按本条计分。如果为淘汰赛，中途退出比赛方判负。中途退出比赛可能造成蓄意弃权时，按蓄意弃权处理。

二、构成复式牌的计分

按实际结果计分。

三、未构成复式牌的计分

（一）中途退出比赛方

1. 在IMP双人赛中，按每副牌得–3IMP计算。

2. 在其他比赛中，每副牌均得0分。

（二）非中途退出比赛方

1. 团体赛：

（1）在循环赛、积分编排赛中，每副牌按3IMP计算。

（2）在一副一比比赛中，每副牌得1.2比赛分

（按1、0.5、0计分时，则为0.6分）。

2. 双人赛和个人赛：

（1）在比赛分制比赛中，每副牌得平均正分，但是一节（场）比赛中得平均正分的牌副不超过2副，其他牌副得平均分。

（2）在IMP制比赛中，每副牌得3IMP。

第二十六条　免予处罚

由于非人力所能抗拒的因素，不能按时参加比赛者，经主办单位同意，不按迟到、弃权处理。条件允许的情况下，应安排补打或者部分补打所缺比赛。不能安排补打时，缺赛者按平局计分，其对手的分数按第二十四条计分。

第二十七条　未构成复式的牌

一、团体赛中，由于当桌运动员坐错方位造成牌未构成复式

（一）比赛中发现

1. 时间允许时，调整座位重新开始。

2. 时间不足时，酌情减少部分牌副，重打牌数不

得少于当场（节）规定比赛牌副的二分之一，并且给予双方程序性判罚。否则按本款（二）处理。

（二）当场（节）比赛结束后发现

1. 时间允许时，至少重打当场（节）规定比赛牌副的二分之一（应尽量打全），并且给予双方程序性判罚。

2. 时间不允许时，双方按平局计分，并且给予双方程序性判罚。

二、由于非当桌运动员的原因导致牌未构成复式

（一）比赛中发现

1. 时间允许时，调整比赛用牌重新开始；

2. 时间不足时，酌情减少重打副数，但能构成复式的牌数不应少于当场（节）规定比赛牌副数的二分之一；

3. 由于其他人泄露牌情而导致作废的牌，团体赛按平分处理，双人赛按双方平均正分处理。

（二）当场（节）比赛结束后发现

1. 错牌所在桌上的所有运动员都不知道已有的结果，按本款（一）处理。

2. 错牌所在桌上的运动员有可能已经知道了其他牌的结果，未构成复式的牌双方按平局计分。

三、混合赛或者特殊混合赛中，未按相应规定方位就座导致未构成复式的牌

1. 团体赛参照本条第一款处理，并给予责任方程序性判罚。

2. 双人赛中，责任方得平均负分；非责任方得平均正分，但是在比赛分制的双人赛中，非责任方一节（场）比赛中得平均正分的牌副不超过2副，其他牌副得平均分。

第二十八条　电子信息采集设备

1. 电子信息采集设备指用于记录并传输比赛牌桌基础信息的设备。

2. 比赛中使用电子信息采集设备，需要录入相关信息时，由南北方负责在每副牌完成后及时、完整录入，东西方负责核对。

3. 一轮（节）比赛结束时，双方运动员应该在离开牌桌前对本桌整轮（节）比赛结果进行核对。如果发现错误，必须立即报告裁判进行更正。离桌之后，在一节（轮）比赛规定结束时间后30分钟之内发现的错误，如果是双方运动员均认同的定约庄位录入错误，经裁判长认定后可以更改；其他情况不得增加得分。团体淘汰赛除外。

4. 比赛中使用电子信息采集设备，需要录入其他辅助信息时，相关运动员应该在规定的时间内正确录入。

第二十九条　比赛着装

一、参赛队着装

参赛队参加比赛，应该遵守主办单位的着装规定。主办单位没有明确规定的，按第三类着装规定执行。

（一）第一类着装规定

1. 运动员上场比赛时穿着统一的、有参赛队标识的服装。

2. 参赛队出席开闭幕式、颁奖仪式及正式活动时，穿着正装或者统一的、有参赛队标识的正式服装。

（二）第二类着装规定

1. 运动员上场比赛时着装整洁、得体，不过分暴露。

2. 参赛队出席开闭幕式、颁奖仪式时，穿着正装或者统一的、有参赛队标识的正式服装。

（三）第三类着装规定

1. 运动员上场比赛时着装整洁、得体，不过分暴露。

2. 参赛队出席开闭幕式、颁奖仪式时，穿着正式服装。

二、裁判着装

（一）第一类着装规定

裁判执裁时穿着统一的裁判服装，佩有明显的专用标识。

（二）第二类着装规定

裁判执裁时佩有明显的专用标识。

第三章　牌桌上的程序

第三十条　牌和牌套的管理

1. 牌套通常由北家保管和拿取。

2. 正在比赛的一副牌，在打牌结束之前，牌套放置在牌桌的中心位置。只有明手或者庄家才可以把推盘从牌桌上移开，并且只有明手或者庄家才可以把牌套放回到牌桌的中心位置。

3. 防守方不准有意识地变换其打出牌张的方向。

4. 牌桌上的运动员对于所打牌的牌号、方位、牌张数目等均负有责任。

第三十一条　叫牌卡的使用

1. 运动员在每副牌进行中第一次摆放的叫牌卡应该接触到推盘上自己叫牌栏的最左端，之后由左到右地放置以后的叫牌卡。叫牌卡横向保持间距相等，纵向接触到自己叫牌栏的上端。

2. 运动员拿取叫牌卡的方式应当保持一致。

3. 运动员拿取和收回叫牌卡时应当轻拿轻放。

4. 比赛结束时，运动员应该把自己的所有叫牌卡片收回到自己的叫牌盒中再离开牌桌。

第三十二条　书写叫牌

1. 书写叫牌的符号：

（1）阶数：用阿拉伯数字1、2、3、4、5、6和7表示。

（2）叫牌符号：NT（无将）、S（黑桃）、H（红心）、D（方块）、C（梅花）；X（加倍）、XX（再加倍）、/（不叫）和//（最终不叫）。

2. 采用书写叫牌时，运动员的每一次叫牌应该按顺序书写在叫牌纸上规定的范围内，字体和字的大小前后一致，书写速度和力度保持均匀。

第三十三条　提醒

一、不必提醒

1. 所有自然含义的叫牌不必提醒，下列第二款中2、3和4除外；

2. 所有加倍和再加倍均不必提醒。

二、必须提醒

运动员不确定是否需要作出提醒时，则作出提醒。下列各类叫牌必须提醒：

1. 约定性叫牌（有特殊含义或者基于搭档间特殊协议的叫牌）；

2. 自然含义的叫牌，但是含有其他附加的协议性内容；自然含义的、约定为逼叫的开叫（含有特殊的附加协议性内容）；

3. 对于搭档开叫或者争叫，跳叫新花色不逼叫；

4. 对于1阶花色开叫，未作过叫牌的应叫人应叫新花色不逼叫。

三、不得提醒

未使用屏幕时，下列叫牌不得提醒：

1. 所有的加倍和再加倍；

2. 表示均型或者半均型，或者建议打无将定约的任何无将叫牌；

3. 4阶（含）以上的任何叫牌（第一轮叫牌中的约定性叫牌除外）。

四、提醒方式

（一）使用屏幕的情况

需要提醒时，运动员必须立即向屏幕同侧的对手作出提醒，当推盘到达另一侧时他的搭档也必须向屏幕同侧的对手作出提醒。提醒者把提醒卡放置在推盘上屏幕同侧对手的叫牌栏中；被提醒者以把提醒卡归还给对手的方式来告知已收到提醒。提醒者不得采用其他方式或者越过屏幕作出提醒。

（二）未使用屏幕的情况

由作出约定叫者的搭档立即作出提醒，提醒者必须将提醒卡放置在该约定叫上（如未使用叫牌卡则以轻敲桌面的方式）提醒对方注意。

（三）未按规定方式提醒

未按照规定的方式作出提醒，如果对方表示未得到提醒的，则视为未作出提醒。

第三十四条　询问和解释

一、使用屏幕的情况

1. 所有询问与解释必须以书写方式进行。

2. 在竞叫期间的任何时候，运动员可以要求屏幕同侧的对手解释他们的叫牌。

3. 从竞叫开始到打牌完成期间，运动员只能从屏幕同侧的对手处得到解释信息。打牌阶段的询问和解释应该关闭屏幕窗口进行。

二、未使用屏幕的情况

1. 询问与解释建议使用书写方式进行。

2. 在最终不叫之前的竞叫期间，运动员仅在轮到他叫牌时，可以要求对方解释所作出的叫牌。被询问的叫牌，应该由叫牌者的搭档解释。提问者的搭档，在轮到他叫牌或者打牌前，不得对该提问进行补充提问。

3. 在最终不叫之后和整个打牌阶段，防家在轮到他打牌时，可以要求对方充分地解释所作出叫牌的含义。在轮到庄家或者明手打牌时，庄家可以要求防家对他们的叫牌或者打牌协议作出解释。运动员的叫牌或者打牌协议被要求解释时，应该由他的搭档作出解释。

第三十五条 屏幕的使用

一、使用屏幕的规定

1. 北家和南家负责推盘，只有定约方可以开启或者通知另一侧开启屏幕窗口。

2. 运动员在竞叫中应主动控制推盘以保持节奏一

致。方式为：北家和南家通过立刻或稍晚开始推盘，东家和西家通过拿出叫牌卡后立刻或者稍晚放置在推盘上。

3. 在竞叫中，屏幕同一侧的两位运动员都有责任保证已作出叫牌的所有叫牌卡均随推盘推送至屏幕的另一侧。

4. 运动员把叫牌卡放置在推盘上并且放开手，即为作出叫牌；将推盘上自己的一张或者多张已叫过的叫牌卡取下时，即确认他已经作出了不叫。

5. 已经作出的合法叫牌不得更改（规则允许更改的除外）。

6. 全部四位运动员都已经看到所有已经作出的叫牌之后，运动员才可以把叫牌卡收回叫牌盒中。

二、规则相关条款的调整

1. 违例行动传递过屏幕后：

（1）不能成立的叫牌（不允许的加倍或者再加倍、最终不叫之后的叫牌等）必须更正。

（2）运动员无意识的违例行动，被屏幕同侧的对手传递过了屏幕，在规则允许下家接受它的情况下，视为下家已经接受了这个行动。如果是运动员有意识的违例，可能给予调整分。

2. 违例行动尚未传递过屏幕：

违例者或者他屏幕同侧的对手应当指出违例并且召

请裁判。违例的叫牌不应被接受，应当改正，没有其他判罚；任何其他违例应当受到判罚。屏幕另一侧的运动员不应被告知所发生的事情，规则要求的除外。

3. 屏幕同侧的两位运动员应该阻止越序首引。如果屏幕窗口没有开启，任何越序首引应当取消，没有其他的判罚。否则：

（1）当屏幕窗口被定约方无过错地开启，并且另一位防家没有作出牌面向上的引牌，按照牌面向上的越序首引处理。

（2）当屏幕窗口被定约方有过错地开启，并且另一位防家没有作出牌面向上的引牌，这个引牌被接受。理论上的庄家成为实际庄家。如果违例者可能意识到越序首引会给对方造成损害，可以给予调整分。

（3）有两个翻明的首引时，那个错误的引牌成为重罚张。

4. 即使运动员叫牌使用的时间比正常时间多，他的迟疑也不违规。与他处于屏幕同侧的对手不得指出这个迟疑。

5. 运动员认为屏幕另一侧存在迟疑并且有可能存在非法信息，他可以在作出首引之前或者屏幕窗口开启之前召请裁判。如在此之后召请裁判，当迟疑事实无法确认时裁判将裁定不存在非法信息，除非当裁判可以认定有迟疑时。

6. 在推移推盘过程中，如果已经采取了控制推盘节奏的做法（见本条第2款），不超过20秒的延迟，视为不足以传递非法信息。

7. 如果防家暴露了一个牌张，由于使用屏幕可能导致庄家没有看见该牌张，明手可以指出这个违例。

第三十六条　召请裁判

1. 指出违例后，应该立即召请裁判。运动员（包括明手）均可以召请裁判。

2. 在裁判未说明所有与纠正相关的事宜之前，运动员不应当采取任何行动。

3. 指出违例之后，下列情况必须立即召请裁判：

（1）运动员不解释叫牌或者打牌的含义；

（2）对手改正他或者搭档已经给出的信息；

（3）关于一个叫牌或者打牌的含义，存在着相互矛盾的信息；

（4）不足叫牌；

（5）越序叫牌、引牌或者打牌；

（6）防家暴露了牌张；

（7）对声称有争议；

（8）听到他人谈论或者讨论可能要打的牌；

（9）存在其他任何不良行为。

第四章　比赛场地管理

第三十七条　比赛场地注意事项

1. 讲究文明礼貌，进入比赛场地须衣冠整洁并且佩戴有效证件。

2. 比赛场地内应该保持安静，比赛场地周边不得大声喧哗。

3. 比赛场地内不得开启移动通信工具。

4. 比赛场地及比赛场地周边规定区域内禁止吸烟。

5. 饮酒后不得进入比赛场地，不得在比赛场地饮用含酒精的饮料。

6. 比赛期间比赛场地内不得使用闪光灯。

7. 进入封闭比赛场地必须经裁判同意。

8. 比赛场地内以普通话作为交流的语言。

9. 转播赛场内不得观看比赛。

第三十八条　开室和闭室

一、设置

团体赛比赛场地分别设置开室和闭室。比赛期间只有经过允许的人员才可以进入闭室。

二、闭室的管理

1. 下列人员可以进入闭室：在闭室比赛的运动员、主办单位官员、裁判、仲裁（非运动员）和竞赛辅助人员等。

2. 下列人员经裁判同意可以进入闭室：贵宾、组委会成员（非运动员）和媒体记者等。

3. 参赛队领队或者他授权一人（非运动员）可以进入闭室观看本队比赛，但只能坐在本队运动员身后。必须于比赛开始前进入闭室，中途离开后不得返回比赛场地。

第三十九条　对运动员的要求

1. 遵守规程、规则和相关规定。

2. 尊重对手，尊重搭档，尊重裁判。

3. 在分发、复制比赛用牌和抄写牌型卡期间，不得离开座位。

4. 不得翻阅己方的体系卡或者叫牌笔记。在规则允许范围内可查阅对方的体系卡，规则另有规定的除外。

5. 比赛中如果需要离开座位，必须征得裁判同意，并且与对方运动员（或者裁判指定的人员）结伴而行。

6. 本桌比赛结束之后，迅速退场，不得在其他牌桌旁停留，不得进入另一室。

7. 比赛中不得与任何人谈论已经打过的牌局。

8. 对于外籍运动员及随队翻译的其他要求：

（1）外籍运动员必须带中文体系卡参加比赛。

（2）外籍运动员在叫牌或打牌时不可以使用赛事非官方语言进行交流。

（3）比赛中，翻译应坐在外籍运动员的身后，只有在对手或裁判询问时才可以按照裁判的要求以书面或语言形式进行翻译，此外不得与外籍运动员进行不必要的交流。

第四十条　对观众的要求

1. 讲究文明礼貌，遵守比赛场地纪律，服从裁判管理。

2. 不得以任何方式与运动员进行交流。

3. 不得与任何人说话和谈论牌情（回答裁判询问时除外）。

4. 不得指出任何违例和错误，不得就任何涉及事实或者规则的问题发表言论（回答裁判询问时除外）。

5. 不得干扰裁判的执裁工作。

6. 不得走动看牌。观看使用屏幕的比赛时，不得在能看到屏幕两侧情况的位置上看牌。

7. 未上场运动员不得观看本队的比赛。

8. 领队或者他授权人员进入闭室按照观众管理。

9. 与参赛队相关的观众违反规定时，可能作出对相关队不利的裁决。

第五章　成绩管理

第四十一条　记分表

一、记分表填写

1. 填写记分表必须字迹工整、栏目齐全。

2. 记分表应当在每副牌完成后及时逐副完整填写。

3. 正式记分表由南家负责填写，东西方负责核签。

4. 记分表不得更改，如果有误写，应该及时请裁判签字认定。

二、团体赛记分表

1. 南家记录一式三份，第一联结分后交记录台，第二联自己留存，第三联在离桌前交给裁判。

2. 东西方记录一份自己留存。

3. 本桌打牌结束，离开牌桌前双方运动员核对记分表，更改错误，签名确认，上交第三联。双方核签后记分结果原则上不得更改，不得增加得分。

4. 比赛结束之后，双方到结分区结分并且对结分结果进行核签。胜队将开闭室南家记录的记分表各一张交到记录台；双方打平，主队交记分表。

三、双人赛和个人赛记分表

（一）逐轮记分表

每轮比赛结束，记分表由裁判收取。

（二）随牌记分表

一副牌结束之后，将打牌结果记录在记分表上随牌传递。

四、使用电子信息采集设备记分

使用电子信息采集设备记分时，按照相关规定执行。

第四十二条　VP换算表

1. 使用世界桥牌联合会公布的VP换算表。

2. VP换算表包括小数VP换算表和整数VP换算表。中国桥牌协会主办的全国桥牌竞赛，使用小数VP换算表。

3. 当IMP差带小数时，可以四舍五入取整后再换算。

4. 主办单位可以另行规定使用的VP换算表，但是必须于赛前公布。

第四十三条　更正时限

1. 下列错误在一节（轮）比赛规定的结束时间后30分钟之内经当桌双方运动员（个人赛为所有四位运动员）认可并指出，可以更正；其他类型的错误不得增加得分。

（1）定约庄位录入错误，经裁判长认定的；

（2）团体淘汰赛记分或者录入错误；

（3）团体赛结分错误；

（4）双人赛和个人赛中由工作人员输入成绩造成的错误；

（5）对声称或者承认有异议；

（6）所打牌未构成复式。

2. 成绩公布明显有误，在第二天比赛开始前［一个阶段的比赛当天结束时，该时限为该阶段最后一节（轮）比赛规定结束时间后30分钟之内］指出，可以更正；超过时限不得增加得分。

3. 其他情况，在一节（轮）比赛规定的结束时间后30分钟之后指出，不得增加得分。

4. 主办单位或者裁判长可以另行规定更短的更正时限。

第四十四条　团体赛的同分名次确定

一、循环赛

1. 两队VP积分相同时，按下列顺序决定名次（本阶段为多个循环时，按全部比赛中的所有场次计算）：

（1）两队在全部比赛中的IMP率，高者名次列前。

$$\text{IMP率} = \frac{\text{IMP总胜分}}{\text{IMP总负分}}$$

（2）两队相互间比赛的IMP值，多者名次列前。

（3）两队相互间比赛的基本分总和（TP），多者名次列前。

（4）两队在全部比赛中的TP率，高者名次列前。

$$\text{TP率} = \frac{\text{TP总胜分}}{\text{TP总负分}}$$

（5）加赛1副牌，至决出胜者。

2. 三队VP积分相同时，按下列顺序决定名次：

（1）三队在全部比赛中的IMP率，高者名次列前。

（2）如果其中一队在与之对比的两队的比赛中比每一队都获得更多的VP，这个队是胜者，剩下的两队按前述“两队VP积分相同时”解决，下面类同。

（3）如果其中一队和另一队在两者之间的比赛中打平，并且在与之对比的剩下的一队的比赛中获得更多的VP，这个队是胜者。

（4）如果其中一个队负于与之对比的另两个队，这个队将排在第3位。

（5）其他情况下，顺序比较以下几条：

①有关队净胜IMP；

②有关队净胜基本分；

③有关队在全部比赛中的TP率；

④如仍相同，抽签决定。

3. 四个队或者更多队VP积分相同时，按下列顺序决定名次：

（1）有关队在全部比赛中的IMP率。

（2）如果其中一队在与之对比的其他各队的比赛中获得更多的VP，或者该队是唯一的只平一场并且战胜其他有关队的队，则该队是胜者，剩下的三队可按“三队同分时”解决，下面类同。

（3）有关队在全部比赛中的TP率。

（4）如仍相同，抽签决定。

二、淘汰赛

按下列顺序决定胜负：

1. 比较两队的基本分总和（TP），多者获胜。

2. 比较获胜牌副数（包括胜10基本分的牌），多者获胜。

3. 加赛8副牌或者4副牌。

4. 加赛1副牌，至决出胜者。

三、积分编排赛

1. 两队VP积分相同时，按下列顺序决定名次：

（1）有关队在全部比赛中的IMP率，高者名次列前。

（2）相互间比赛的IMP值，多者名次列前。

（3）有关队在全部比赛中获胜轮数（VP打平不计），多者名次列前。

（4）有关队在全部比赛中VP打平的轮数，多者名次列前。

（5）有关队的平均对手分（某队所遇过的所有对手的累积VP除以该队实打比赛轮数），多者名次列前。

（6）如仍相同，抽签决定。

2. 三队或者三队以上VP积分相同时，按下列顺序决定名次：

（1）有关队在全部比赛中的IMP率，高者名次列前。

（2）有关队在全部比赛中获胜轮数（VP打平不计），多者名次列前。

（3）有关队在全部比赛中VP打平的轮数，多者名次列前。

（4）有关队的平均对手分，多者名次列前。

（5）如仍相同，抽签决定。

四、一副一比团体赛

按下列顺序决定名次：

1. 依次比较同分队在相互比赛中的比赛分、获胜牌数、基本分，多者名次列前。

2. 在共同打过的牌中，获胜牌数最多者名次列前。

3. 在共同打过的牌中，净得基本分总和最多者名次列前。

4. 在所有打过的牌中，获胜牌数多者名次列前。

5. 在所有打过的牌中，净得基本分总和多者名次列前。

6. 如仍相同，抽签决定。

五、特殊规定

主办单位可以于赛前作出其他规定，或者允许最终名次并列。

第四十五条　双人赛和个人赛的同分名次确定

一、比赛分制

1. 在多节的比赛中，按下列顺序决定名次：

（1）比较有关运动员在本阶段各自最好一节比赛的得分（MP或者得分率），高者名次列前。

（2）比较有关运动员在本阶段各自次好一节比赛的得分，高者名次列前。

（3）比较有关运动员在本阶段与共同对抗过的本次比赛成绩最好的运动员相对抗的比赛中所得MP的多少，多者名次列前。

（4）比较有关运动员在本阶段与共同对抗过的本次比赛成绩排在第2位的运动员相对抗的比赛中所得MP的多少，多者名次列前。依此类推，直到平分被打破。

2. 在不分节的比赛中，按下列顺序决定名次：

（1）逐副比较有关运动员共同打过的所有牌，

在每副牌上得比赛分多的计1分，而平分或者所得比赛分少的则不计分，最后得分多者名次列前。

（2）逐副比较有关运动员共同打过的所有牌，在每副牌上比赛分高于平均分的计2分，等于平均分的计1分，低于平均分则不计分，多者名次列前。

（3）如仍相同，抽签决定名次。

二、IMP制

按下列顺序决定名次：

1. 依次比较同分运动员在相互比赛中的IMP值、净胜TP值，高者名次列前。

2. 如仍相同，比较在相关运动员共同打过的牌的净胜TP值，高者名次列前。

3. 如仍相同，抽签决定。

三、特殊规定

主办单位可以于赛前作出其他规定，或者允许最终名次并列。

第四十六条　其他比赛的同分名次确定

在其他形式的比赛中，同分名次的确定办法参照以上规定确定。主办单位可以另作规定。

第四十七条　带分及其计算

主办单位在比赛之前确定比赛是否带分和带分方法。计算带分时，遇不能整除时，按四舍五入标准计算（保留2位小数）。

第四十八条　团体赛带分方法

一、淘汰赛

1. 两队在前一阶段比赛中相遇过，胜队带分。胜队在前一阶段名次在前，带净胜IMP的二分之一；否则，带净胜IMP的三分之一。淘汰赛比赛牌数在64副（含）以下时，所带IMP不超过比赛牌数的四分之一；在64副（不含）以上时，不超过比赛牌数的六分之一。

2. 前一阶段比赛为积分编排赛时，淘汰赛阶段不带分。

二、循环赛

公式1：

$$带分C = \frac{S_1 - S_o}{\Sigma（S_i - S_o）} XY.$$

式中，C为某队在本阶段应带VP数；

S_1为该队在前一阶段比赛中所得VP总分；

S_o为本阶段本组各队中在前一阶段比赛排名最后的队所得VP总分；

$\Sigma(S_i-S_o)$为本阶段本组各队前一阶段比赛各自所得VP分别与S_o之差的总和；

X为本阶段比赛该队应比赛的场数；

Y为本阶段本组的参赛队数。

循环赛的带分要求小组中前一阶段的最后一名带0 VP，最高带分不超过2X VP。如有超过，则按照下面的公式2计算各队的带分。

公式2：

$$\text{带分}C=\frac{S_1-S_o}{S_x-S_o}2X$$

式中，S_x为带分最多的队在前一阶段比赛中所得VP总分。

第四十九条　双人赛带分方法

双人赛的带分计算公式：

$$\text{带分}C=\frac{MQ^2AB}{ES}$$

式中，C为某对运动员在本阶段应带MP数；

M为该对牌手在前一阶段所得MP总数；

Q为本阶段的参赛对数；

A为本阶段每副牌的平均分；

B为前一阶段比赛所打牌的总副数；

E为前一阶段的参赛对数；

S为本阶段所有参赛对在前一阶段的得分总和。

第六章　程序性判罚和纪律性判罚

第五十条　对违反程序规定和比赛纪律的处理办法

1. 裁判有权对比赛中违反比赛程序和比赛纪律的情况给予处罚。对于性质严重的违规、违纪行为，由裁判长报请主办单位进行处罚。

2. 同一比赛中的判罚标准必须统一。裁判视违规是否初犯、情节及后果是否严重来决定处罚。不同类型比赛罚分的基本换算标准为：0.5VP，相当于3IMP，相当于一副牌顶分的20%，一副一比团体赛时相当于0.4分（每副牌按2、1、0计分时；按1、0.5、0计分时则相当于0.2分）。

3. 所有的罚分，在阶段比赛的总得分中扣除，不计入当场（节）比赛成绩。

4. 对于违反本规则第四十条规定的观众，裁判可视情节对其进行劝诫、禁止观看本场比赛、禁止观看此后的全部比赛等处理。

第五十一条　判罚尺度分类

以下判罚尺度，应用于程序性判罚和纪律性判罚。主办单位可以规定对某项违规执行较高或者较低类别的判罚。裁判可以通过全场提醒，完成对某项违规的全场警告程序，之后对第一次违规直接按第二次违规进行判罚。

第一类判罚尺度：经主办单位授权由裁判长决定，扣3～6VP，或者13～24IMP，或者一副牌顶分的120%～240%，同时报请主管单位给予进一步处理；

第二类判罚尺度：扣2VP，或者12IMP，或者一副牌顶分的100%；

第三类判罚尺度：扣1VP，或者6IMP，或者一副牌顶分的50%；

第四类判罚尺度：第一次违规警告、第二次违规扣0.5VP（或者3IMP，或者一副牌顶分的20%）、再犯扣1VP（或者6IMP，或者一副牌顶分的40%）。

第五十二条　程序性判罚

违反程序规定的行为不仅限于下列各种情况，对于下列条款中未列举的行为，裁判长可以根据违规的性质、程度，参照类似的规定酌情给出判罚。

一、赛前阶段

1. 上场运动员不在比赛队参赛名单内：取消当场比赛成绩。

2. 未按时公布出场名单：按第四类判罚尺度判罚。

3. 未按出场名单入座：

（1）就座室别发生错误的，按第三类判罚尺度判罚；

（2）就座室别未发生错误的，按第四类判罚尺度判罚。

4. 混合比赛男、女运动员就座方位违反规定：按第四类判罚尺度判罚。

5. 未按着装规定参加比赛：按第四类判罚尺度判罚。

6. 使用电子信息采集设备时，未按规定及时、完整录入相关信息：按第四类判罚尺度判罚。

7. 未按时提交体系卡、未按规定公布叫牌体系或者未带体系卡上场比赛：按第四类判罚尺度判罚。

8. 使用黄色体系或者棕色约定叫的运动员未按规定提供防守措施：按第三类判罚尺度判罚，如果直接导致对方的损失将给予调整分。

二、比赛阶段

1. 使用了不允许使用的约定或者未填入体系卡的约定：按第四类判罚尺度判罚，如果直接导致对方的损失将给予调整分。

2. 未经裁判许可，叫牌和打牌期间查阅己方体系卡、笔记或者可能帮助记忆的工具：按第四类判罚尺度判罚，如果直接导致对方的损失将给予调整分。

3. 复制比赛用牌时，牌型未抄完整、抄错或者以“X”等其他符号代表小牌：按第四类判罚尺度判罚，如果影响到该牌作废则按第三类判罚尺度判罚。

4. 未正确核对牌型卡的方位或者牌张数目即看牌：按第四类判罚尺度判罚，如果影响到该牌作废则按第三类判罚尺度判罚，并对该牌给予人为调整分。

5. 打牌后未认真检查核对，致使牌张数目或者方位出现错误：按第四类判罚尺度判罚，如果影响到该牌作废则按第三类判罚尺度判罚；如果作废牌为违规方明显失分的牌，则加扣3VP。

6. 牌型卡未装入牌套、丢失或者放错方位：按第四类判罚尺度判罚，如果影响到该牌作废则按第三类判罚尺度判罚。

7. 明手看其他人手中牌张的正面，或者抽看正在进行牌局的牌型卡或者记录：按第四类判罚尺度判罚。

8. 利用叫牌的方式或者节奏、推动推盘的速度或者力度、询问或者采取其他类似方式传递非法信息：按第三类判罚尺度判罚，如果直接导致对方的损失将给予调整分。

9. 在裁判明确告知禁止利用非法信息之后仍然加以利用，按第二类判罚尺度判罚，同时如果直接导致对方的损失给予调整分。

10. 对约定性叫牌未及时作出提醒，或者未按规定的方式作出提醒，或者解释不准确或者不完整，以及对防守信号解释不准确或者不完整：按第四类判罚尺度判罚，如果直接导致对方的损失将给予调整分。

11. 对叫牌的含义未按规定的方式进行询问或者解释：按第四类判罚尺度判罚，如果直接导致对方的损失将给予调整分。

12. 未使用屏幕时，对方未询问而主动作出解释：按第四类判罚尺度判罚，如果非法信息直接导致对方的损失将给予调整分。

13. 违反使用心理叫的规定：按第三类判罚尺度判罚，如果直接导致对方的损失将给予调整分。

14. 打牌时，过早地由手中取出牌张，表示有取得或者失去该牌墩的意图；或者过迟地打牌，借以迷惑对方：按第四类判罚尺度判罚，如果直接导致对方的损失将给予调整分。

15. 乱抛牌张，不按规定摆放自己已打过的牌张：按第四类判罚尺度判罚。

16. 明手参与或者暗示庄家打牌：按第三类判罚尺度判罚，如果直接导致对方的损失将给予调整分。

17. 提醒搭档已经赢得或者输掉的牌墩数额，或者完成己方定约或者打宕对方定约尚需取得的赢墩数额：按第四类判罚尺度判罚，如果直接导致对方的损失将给予调整分。

18. 触摸或者拿取其他运动员的牌张（庄家拿取明手的牌张除外）：按第四类判罚尺度判罚。

19. 比赛中，故意注视对方运动员使其感到困窘、厌烦；观察他人从手中取牌的位置或者企图窥看对方牌情：按第四类判罚尺度判罚。

20. 未按规定填写记分表或者在电子信息采集设备中进行录入：按第四类判罚尺度判罚。

21. 双人赛中，未按裁判的指令入座、移位或者无故离开座位：按第四类判罚尺度判罚。

22. 团体赛中，运动员坐错方位造成不能构成复式的牌：

（1）重打全部或者部分比赛牌数的情况，双方各扣1VP。

（2）未重打比赛的情况，双方各扣3VP。

三、比赛结束后

1. 打完牌的运动员未按裁判的要求及时退场：按第四类判罚尺度判罚。

2. 一节比赛结束后，将比赛用具带离赛桌、未将牌张装入牌套或者叫牌卡未放入叫牌盒：按第四类判罚尺度判罚。

3. 团体赛胜队或者主队未按时交记分表（一般为比赛规定结束时间30分钟后）：对责任队每次扣3VP。

第五十三条　纪律性判罚

违反纪律的行为不仅限于下列各种情况，对于下列条款中未列举的行为，裁判长可以根据违纪的性质、程度，参照类似的规定酌情给出判罚。

1. 全国比赛未按规定参加赛前领队会：视情况扣2VP。

2. 进入比赛场地未佩戴有效证件：按第四类判罚尺度判罚。

3. 在比赛场地内大声喧哗：按第四类判罚尺度判罚。

4. 在比赛中有不礼貌的语言或者行为：按第四类

判罚尺度判罚。极其严重者，取消当场比赛参赛资格并上报主办单位，可能给予进一步处罚。

5. 在有条件时，主办单位可以禁止运动员将移动通信工具带入场内。未禁止时，运动员必须将移动通信工具关闭。遇有违反规定的情况发生时，其对手应该立即召请裁判。

比赛中未关闭移动通讯工具：对于未接听或者未观看者，按第二类判罚尺度判罚；对于已接听或者已观看者，取消其该场（节）比赛资格。多次或者严重违反的，上报主办单位，可能给予进一步处罚。

6. 在比赛场地及其周边禁止吸烟的区域内吸烟：按第二类判罚尺度判罚。多次或者严重违反的，上报主办单位，可能给予进一步处罚。

7. 饮酒后进入比赛场地，或者在比赛场地内饮用含酒精的饮料：按第二类判罚尺度判罚，影响比赛进行的取消其该场（节）比赛资格。多次或者严重违反的，上报主办单位，可能给予进一步处罚。

8. 比赛中擅自离开座位观看其他参赛者比赛：按第四类判罚尺度判罚。

9. 比赛中，与他人讨论已打过的牌局：按第四类判罚尺度判罚，造成其他桌比赛牌作废时按第二类判罚尺度判罚。

10. 未上场的运动员观看本队的比赛：按第四类

判罚尺度判罚。

11. 与参赛者有关的观众违反了比赛场地纪律：按第四类判罚尺度处罚相关队。

12. 团体赛中未经许可擅自进入闭室，或者运动员打完牌后至另一室中观看比赛：按第三类判罚尺度判罚。

13. 有意篡改比赛成绩或者比赛记录：取消违规者当场比赛成绩；并且上报主办单位，可能给予进一步处罚。

14. 缺席比赛正式仪式，或者在正式仪式中着装不符合规定者，按第三类判罚尺度判罚，或者根据情节取消当事人全部或部分奖项。

15. 淘汰赛中的双方违纪，根据情节轻重分别给予警告、取消阶段性比赛资格直至取消本次比赛资格的处罚。

第七章　申诉及仲裁

第五十四条　申诉程序

1. 运动员可以对裁判在他的赛桌上所作出的任何裁决提出申诉。团体赛必须经领队同意，双人赛必须两名运动员均同意，方可提出申诉。

2. 所有申诉必须在当节比赛规定结束时间后30分钟内向裁判提出，并且向裁判正式提交书面申诉报告，缴纳申诉费，由裁判长转交仲裁委员会。主办单位或者裁判长可以另行规定申诉时限。

3. 申诉费标准由主办单位根据赛事等级确定。仲裁委员会认定为合理申诉时，申诉费退回；否则，申诉费不退回。

第五十五条　仲裁委员会

1. 仲裁委员会设主任一人，委员若干人，负责处理各类申诉案例。仲裁委员由主办单位选派。

2. 仲裁委员会在处理申诉案例时，应该遵照规程、规则和相关规定，本着公平、公正的原则，准确行使本规则赋予的权力。仲裁委员会以简单多数形成仲裁决定。

3. 未设置仲裁委员会时，主办单位应该规定申诉的解决程序，否则由裁判长履行仲裁程序，受理申诉，认真听取各方意见之后作出最终裁决。

4. 因为处理申诉判例需要，仲裁委员会可以向主办单位提出推迟比赛时间的建议。

5. 仲裁委员会的裁决为最终裁决，不得更改。申诉方如果仍有异议，有权进一步向上级主管单位提出申诉，但是申诉结果无法改变比赛成绩。

第八章　附则

第五十六条　与世界桥牌联合会规则的关系

本规则所附的中文版世界桥牌联合会《复式桥牌规则》是本规则的组成部分，其中如果有与本规则不一致的，按本规则执行。

第五十七条　解释权

本规则最终解释权归中国桥牌协会。

复式桥牌规则 2017

The Laws of Duplicate Bridge

世界桥牌联合会

World Bridge Federation

导　言

本规则的宗旨在于规定正确的程序，并且在出现问题时提供适当的补救措施。规则的主要目的不是为了惩罚违例，而是为了纠正那些非违例者可能受到损害的情况。牌手应该以平和的心态接受裁判的任何纠正、判罚和裁定。

规则用词是严谨的，执行中必须注意区分不同程度的词语。例如，可以做（未做并不算错误）、做（建立正确的程序，没有建议对违反进行判罚）、应该做（未做到时，违规会影响违规者的权利，但是不会经常判罚）、应当做（违反通常会招致程序性判罚）、必须做（最强烈的用语，违反是严重的问题）。由弱到强分出了五种层次。再例如，对禁止的程度的用词，“不应”是禁止，“不得”是更强的禁止，“不准”是最强烈的禁止，由弱到强分出了三种层次。

为了准确理解和使用本规则，本导言和定义均为本规则的组成部分。

最后，除非有清楚的语境表明，否则单数包括复数，男性包括女性，反之亦然。

第一章 定义

比赛（Event） 指一个由一节或者多节构成的比赛（与锦标赛Tournament为同义词）。

比赛分（Matchpoint） 把一个参赛者的成绩与其他参赛者的成绩进行比较之后，所给予该参赛者的得分单位（参照第78条A款）。

部分定约（Partscore） 墩分在90分或者90分以下的定约（参照第77条）。

不叫（Pass） 表明牌手在这一竞叫轮中不选择实质叫牌、加倍或者再加倍的叫牌。

参赛者（Contestant） 个人赛中每位牌手；双人赛中全赛程搭档的两位牌手；团体赛中的全队四位或者四位以上牌手。

超额赢墩（Overtrick） 定约方赢得的超过完成定约所需墩数之外的牌墩。

撤回（Withdraw） 牌手主动的撤回行动，或者经裁判指令被“取消”的行动或者牌张被要求“收回”。

错误信息（Misinformation） 一方牌手未能按照规则或者规定的要求正确地公开搭档间的方法或者协议。

搭档（Partner） 比赛时与某位牌手同为一方，

以对抗同桌的另外两位牌手的参赛者。

打牌（Play） （1）每位牌手在每一墩牌中均打出一个牌张，包括每墩的引牌。（2）已经打出牌张的总称。（3）打出牌张的阶段。（4）一副牌的全部叫牌和打牌的总称。

大牌（Honor） 任何的A、K、Q、J或者10。

打牌阶段（Play period） 当一副牌首引牌张翻明时，打牌阶段开始；依照相关条款规定，在打牌阶段，参赛者在竞叫阶段的权利和权力即告终止；当下一副牌的牌张从牌套中被取出后（或者一轮的最后一副牌结束之后），打牌阶段结束。

宕墩（Undertrick） 定约方没有完成定约，所缺少的每一墩称为一个宕墩（参照第77条）。

定约（Contract） 定约方按照最终实质叫牌所指定的定约名目打牌，赢得最后叫牌所指定的赢墩数的承诺。包括未加倍、加倍或者再加倍（参照第22条）。

定约名目（Denomination） 实质叫牌中所指定的花色或者无将。

队（Team） 两对或者更多牌手分别坐在不同桌的不同方位，他们的分数合并计算（通常比赛规定每队的牌手允许多于四人）。

对手（Opponent） 另一方的一位牌手，即对方的搭档之一。

墩（Trick） 用于确定定约结果的单位。一个牌墩单位由四个牌张组成，从引牌开始，每位牌手依次各打出一个牌张，有缺陷的牌墩除外。

墩分（Trick Points） 定约方完成定约时所得到的规定分数（参照第77条）。

额外的（Extraneous） 不属于比赛合法程序的。

额外墩（Odd Trick） 定约方赢得超过六墩以上的牌墩数目。叫牌的阶数即为额外墩的墩数。

发牌（Deal） 把一副牌分发给四位牌手。

防家（Defender） 庄家（包括理论上的庄家）的任何一位对手。

罚张（Penalty card） 依照第50条处理的牌张。

跟牌（Follow Suit） 跟出与引牌相同花色的牌张。

国际比赛分（International Matchpoint — IMP） 第78条B款所列换算表中的记分单位。

花色（Suit） 一副牌中包含四种花色，每种花色13个牌张，并且各具有其特定的花色图案。四种花色是：黑桃（♠，Spade）、红心（♥，Heart）、方块（♦，Diamond）和梅花（♣，Club）。

加倍（Double） 针对对方实质叫牌所采取的一种叫牌，当定约完成或者没有完成时分数均有所增加（参照第19条A款和第77条）。

奖分（Premium Points） 墩分除外的所有分数

（参照第77条）。

将牌（Trump） 有将定约所指定的定约名目花色中的所有牌张（也称为王牌）。

叫牌（Call） 任何实质叫牌、加倍、再加倍或者不叫。

节（Session） 比赛的一部分。在一节比赛中需打完主办单位指定副数的牌（在第4条、第12条C款2和第91条中可能有不同的含义）。

锦标赛（Tournament） 指一个由一节或者多节构成的比赛（与比赛Event为同义词）。

竞叫（Auction） （1）经过叫牌来确定定约的过程。第一个叫牌作出时，竞叫开始。（2）各位牌手所有叫牌的总称（参照第17条）。

纠正（Rectification） 指出违例之后，裁判被召请到场，依照补救规定所采取的处理措施。

局（Game） 墩分在100分或者100分以上的定约。

局况（Vulnerability） 计算奖分或者罚分的先决条件（参照第77条）。

可见牌张（Visible Card） 持在手中能够被对手或者搭档看见正面的牌张。

理论上的庄家（Presumed Deaclarer） 如果没有违例出现就将成为庄家的牌手。

轮（Round） 比赛的一部分。牌手在一轮比赛中不必移动位置。

轮到（Turn） 轮到牌手作出叫牌或者打牌的正确时机。

轮转次序（Rotation） 叫牌或者打牌，按照顺时针方向依序进行。建议发牌顺序按照顺时针方向进行。

满贯（Slam） 叫牌到6阶（即额外墩为六），需要赢得十二墩的定约，称为小满贯；叫牌到7阶（即额外墩为七），需要赢得十三墩的定约，称为大满贯。

明手（Dummy） （1）庄家的搭档。当首引牌张翻明之后，即成为明手。打牌结束之后，他不再是明手。（2）庄家搭档的牌张在首引之后，一经摊明在桌面上，该手牌也称为明手。

牌（Pack） 桥牌所用的52个牌张。

牌局（Deal） 指一副牌的牌张分配、叫牌和打牌。

牌况（Board） 一节比赛中，事先发好放置于比赛用牌套中的四手牌的牌张。

牌套（Board） 第2条中所描述的复式比赛用牌套。

判罚（Penalty） 判罚包括两类（也参照“纠正”）。

程序性（procedural） 对于程序性的违例裁判以斟酌决定权所评定的（附加于任何纠正之外的）判罚

（参照第90条）。

纪律性（disciplinary） 用于维持礼节和比赛秩序的判罚（参照第91条）。

取消（Cancelled） 经裁判指令要求牌手撤回行动或者取消打牌结果或者取消某副牌，参照“撤回”。

人为叫牌（Artificial call） （1）一个实质叫牌、加倍或者再加倍，它所表达的信息（不是牌手普遍认同的含义）不表示愿意以所叫的定约名目或者之前的最后一个实质叫牌作为定约（或者表示愿意以所叫的定约名目或者之前的最后一个实质叫牌作为定约，但是还有附加含义）；（2）一个不叫，它保证多于某个特定的牌力；（3）一个不叫，它保证或者否定最后所叫花色中的价值。

上家（RHO） 位于牌手右方的对手。

实质叫牌（Bid） 叫牌时叫出以指定的定约名目至少要赢得多少额外墩的具体名称的叫牌。

提醒（Alert） 依照主管单位的规定，牌手对己方的叫牌或者打牌方式可能有必要解释之处，提醒对方注意。

首引（Opening Lead） 打牌开始时，第一墩的引牌。

收回（Retracted） 指经裁判指令要求牌手收回牌张，参照“撤回”。

调整分（Adjusted Score） 经裁判判给的分数（参

照第12条）。它可能是人为调整分（Artificial），也可能是裁定调整分（Assigned）。

违规（Infraction） 牌手违反规则或者规定。

违例（Irregularity） 牌手对正确程序的偏离，包括但是不限于违规。

原始牌（Sorted deck） 一副没有打乱先前状态的牌。

无意识的（Unintended） 不经意的；不受意志控制的；在行动的瞬间不是出于牌手意愿的。

下家（LHO） 位于左方的对手。

心理叫（Psychic call） 蓄意作出的对大牌实力和（或者）花色长度有重大歪曲的叫牌。

一方（Side） 同桌的两位牌手组成一对搭档，作为一方以对抗另外两位牌手。

一手牌（Hand） 起初分发给牌手的一手牌或者打牌进行中手中剩余的牌张。

引牌（Lead） 对每墩牌打出的第一个牌张。

再加倍（Redouble） 针对对方的加倍所采取的一种叫牌，当定约完成时的分数或者没有完成时的罚分均比加倍进一步增大（参照第19条B款和第77条）。

庄家（Declarer） 作出最终实质叫牌的一方中首先叫出该定约名目的牌手，当首引牌张翻明之后，即成为庄家（越序首引时参照第54条A款）。庄家所在的一方称为定约方。

第二章　准备事项

第1条　牌

A. 花色等级和牌张大小

复式桥牌比赛用牌每副有52个牌张，包括四种花色，每种花色由13个牌张组成。花色等级从高到低依序为黑桃（♠）、红心（♥）、方块（◆）和梅花（♣）。每种花色牌张号码从大到小依序为A、K、Q、J、10、9、8、7、6、5、4、3和2。

B. 牌张正面

主管单位可以要求牌张正面的图案对称。

C. 牌张背面

一副牌中所有52个牌张的背面应该是完全相同的。它们可以印有词语、标志或者图案，但是所用图像应该关于中心对称。

第2条　复式桥牌牌套

复式桥牌比赛所用牌套均装有一副比赛用牌。每个牌套上编有牌号，并且有四个标明北（North）、东（East）、南（South）、西（West）四家位置的牌格（袋）用于装四手牌。每副牌的发牌人和局况指定如下：

北发牌	牌号：	1	5	9	13
东发牌	牌号：	2	6	10	14
南发牌	牌号：	3	7	11	15
西发牌	牌号：	4	8	12	16
双方无局	牌号：	1	8	11	14
南北有局	牌号：	2	5	12	15
东西有局	牌号：	3	6	9	16
双方有局	牌号：	4	7	10	13

第17副至32副和以后每16副牌为一组的牌套，均依序重复使用上表的规定。

凡不符合上述规定条件的牌套不应使用。但是，如果使用了不符合上述规定条件的牌套，则该节比赛按照牌套上的局况和发牌人进行。

第3条　牌桌的安排

每张牌桌有四位牌手参加比赛，所有牌桌由裁判依序编排确定桌号。裁判指定北的方位，其他方位按照与北相应的关系进行确定。

第4条　搭档

每桌的四位牌手组成两对搭档，或者称两方。南北方对抗东西方。在双人赛或者团体赛中，参赛者以“对”或者“队”分别参赛，在整节比赛中保持固定的搭档（裁判授权的情况除外）。在个人赛中，每位牌手独立参赛，在一节比赛中搭档是变化的。

第5条　座位的排定

A. 初始位置

由裁判编排确定参赛者（个人、对或者队）当节比赛的初始位置。搭档或者队友之间可以按照所分配的方位通过协商选择座位，裁判另有指令的除外。比赛座位一经选定之后，在一节比赛中牌手只有得到裁判的指令或者允许才能改变座位。

B. 换位或者换桌

牌手按照裁判的指令，变换他的初始方位或者移动到其他牌桌。裁判负责作出明确的指令公告；每位牌手负责在得到指令时立即进行移动，并且每次都移动到正确的座位上。

第6条　洗牌和发牌

A. 洗牌

比赛开始之前，对每副牌都要进行彻底的洗牌。如果对手要求，要进行切牌。

B. 发牌

发牌必须牌张正面向下，每次一张，依序发成四手，每手13个牌张；然后，把每手牌正面向下地分别装入牌套的四个牌格（袋）中。任何相邻的两个牌张不应发到同一手牌中。建议按照顺时针方向发牌。

C. 双方在场

洗牌和发牌时，比赛双方至少应该各有一位牌手在场，裁判另有指令的除外。

D. 重新洗牌和重新发牌

1. 如果一副牌竞叫开始之前确定牌张已经发错，或者在洗牌发牌期间某位牌手也许已经看到了属于其他牌手的某个牌张的正面，该副牌应当重新洗牌和重新发牌。此后，在该副牌打牌完成之前，如果某位牌手意外地看到了其他牌手手中某个牌张的正面，适用第16条D款（但是参照第24条）。

2. 除非比赛目的是为了重打以前打过的牌，没有对原始牌[①]洗牌就进行了发牌，或者某副牌在其他节已经打过（不包括既定的牌桌间传递的牌），打牌结果不得成立。

3. 裁判可以用符合规则的任何理由提出要求让该副牌重新洗牌和重新发牌（但是参照第22条B款和第86条A款）。

E. 裁判对于洗牌和发牌方式的选择

1. 裁判可以在比赛即将开始之前指令每桌的牌手自行洗牌和发牌。

2. 裁判可以在比赛之前自行洗牌和发牌。

---

①“原始牌”是一副没有打乱先前状态的牌。

3. 裁判可以指定他的助手或者专人在比赛之前洗牌和发牌。

4. 裁判可以要求用与本条A款和B款所述随机效果完全相同的其他方式进行发牌或者预先发牌。

F. 牌的复制

根据比赛需要，裁判可以指令把原发的每副牌复制一副或者多副。当裁判作出上述指令时，通常不应重新发某副牌（即使裁判有权要求重新发牌）。

第三章　比赛的预备和进行

第7条　牌套和牌张的管理

A. 牌套的放置

正在比赛的一副牌，在打牌结束之前，该副牌的牌套应当一直指向正确地放置在牌桌的中心位置。

B. 从牌套中取出牌张

1. 每位牌手从牌套相应方位的牌格（袋）中，取出自己的一手牌。

2. 每位牌手首先牌张正面向下地数牌，以确保正好持有13个牌张；之后，他在作出一个叫牌之前必须检视自己牌张的正面。

3. 打牌期间，每位牌手管理好自己的牌张，不允许它们与任何其他牌手的牌张相混。在打牌期间或者之后，牌手不应触摸其他牌手的任何牌张（依照第45条规定，庄家可以打明手的牌张），对手或者裁判允许的除外。

C. 把牌张放回牌套

在一副牌打牌结束之后，每位牌手应该把他原持有的13个牌张进行洗牌，再把它们正面向下地放回相应方位的牌格（袋）中。此后，任何一手牌不应从牌套中取出，双方各有一位牌手或者裁判在场的除外。

D. 保证程序的责任

任何在一整节比赛中位置保持在同一张牌桌的参赛者，对于维持该桌正常比赛的程序负有主要责任。

第8条　比赛轮转次序

A. 牌手的移位和牌的传递

1. 裁判指令牌手正确地移位和传牌。

2. 每桌坐北的牌手负责把该桌刚打完的牌传到下一轮正确的牌桌，裁判另有指令的除外。

B. 一轮的结束

1. 通常，当裁判发出下一轮开始的指令时，该轮结束；但是如果此时有任何一桌打牌尚未完成，对于该桌而言该轮继续进行，直到该桌牌手移位。

2. 当裁判行使他的权力推迟打某副牌时，对于该副牌的相关牌手而言，该轮没有结束，直到该副牌打完并且记录确认的分数；或者裁判取消该副牌的比赛。

C. 最后一轮的结束和一节的结束

对于每桌而言，当牌手已经把该桌依照规定应打的牌全部打完并且无异议地记录了所有分数时，一节的最后一轮结束，并且该节比赛结束。

第四章　处理违例的一般规则

第9条　违例发生之后的程序

A. 指出违例

1. 在竞叫阶段，任何牌手无论是否轮到他叫牌，均可以指出违例，规则禁止的除外。

2. 庄家或者任何防家均可以指出在打牌阶段发生的违例，规则禁止的除外。对于牌张摆放方向不正确的情况，参照第65条B款3。

3. 任何牌手，包括明手，可以试图阻止违例（但是明手受到第42条和第43条的限制）。

4. 在该副牌打牌结束之前，明手不得指出违例（但是关于改正庄家明显的错误解释，参照第20条F款5）。

5. 牌手没有指出己方违规的义务（但是关于改正搭档明显的错误解释，参照第20条F款5）。

B. 指出违例之后

1.（a）指出违例时，应该立即召请裁判。

（b）指出违例之后，任何牌手（包括明手）均可以召请裁判。

（c）召请裁判并不导致牌手丧失他可能被赋予的任何权利。

（d）牌手指出己方违例，不影响对方的权利。

2. 在裁判未说明所有与纠正相关事宜之前，任何牌手不应采取任何行动。

C. 对违例的过早改正

违例者对他的违例作出的任何过早改正，可能导致进一步的纠正（参照第26条B款引牌限制）。

第10条　纠正的裁定

A. 纠正的确定权

当适用纠正时，只有裁判拥有对于纠正的确定权。牌手没有权力自行确定（或者放弃——参照第81条C款5）纠正。

B. 取消牌手对纠正的自行实施或者放弃

对于牌手没有经过裁判指令而对纠正的任何实施或者放弃，裁判可以许可或者取消。

C. 违例发生之后的选择

1. 违例发生之后，当本规则规定牌手需要作出某项选择时，裁判应当说明所有可供选择的选项。

2. 违例之后，如果牌手需要作出一个选择，他必须自己作出选择，不准与搭档商量。

3. 对手发生违例之后，当本规则有多种可供选择的选项时，非违例方选择其中最有利的一项是正当的。

4. 依照规则第16条C款2的规定，在对违规作出的纠正执行后，违规方作出任何对己方有利的叫牌或者打牌都是正当的，即使他们因此似乎通过自己的违规而获利（但是参照第27条和第72条C款）。

第11条　纠正权的丧失

A. 非违例方采取了行动

在召请裁判之前，如果非违例方的任何牌手采取了任何行动，对于他们一方而言对违例的纠正权可能丧失。如果一方通过对方由于对规则有关规定不了解所采取的后续行动而获利时，裁判只调整获利方的分数，去除他们所获得的任何利益，另一方保持桌上结果。

B. 纠正权丧失之后的判罚

即使依照本条纠正权已经丧失之后，裁判仍然可以评定作出程序性判罚（参照第90条）。

第12条　裁判的斟酌决定权

A. 判给调整分的权力

裁判可以在本规则的授权下，在第92条B款规定的有效时限之内，应牌手的申请判给调整分，或者自行决定判给调整分（团体赛参照第86条B款），包括：

1. 当裁判断定本规则没有针对某种特定类型的犯规规定纠正时，可以判给一个对非违规方有利的调整分。

2. 如果不能作出使该副牌比赛正常进行的纠正，裁判判给人为调整分（参照本条C款2）。

3. 如果对一个违例的错误纠正已经执行，裁判可以判给调整分。

B. 调整分数的目的

1. 调整分数的目的是为了补偿非违规方的损失，并且去除违规方通过他们自己的违规而获得的任何利益。由于发生违规，与没有发生违规时的预期相比，无过失方得到了一个更为不利的结果，即存在损害。

2. 裁判不得以本规则规定的纠正对于某一方过分严厉或者对于某一方过分有利为理由而判给调整分。

C. 调整分的判给

1. (a) 违例发生之后，当本规则授权裁判调整分数并且能够判给裁定调整分时，裁判判给裁定调整分。这样的裁定调整分取代打牌结果。

(b) 在判给一个裁定调整分时，裁判应该寻求尽可能地恢复如果没有发生违规该副牌可能的结果。

(c) 裁定调整分可以参考各种可能结果的概率比例进行加权计算，但是只包括以合法方式进行可能会得到的结果。

(d) 如果可能的结果太多或者不明显，裁判可以判给人为调整分（参照本款2）。

(e) 违例发生之后，如果非违例方随后所犯的极其严重错误（与该违规无关），或者所采取的赌博性的行动（即如果没有成功，他们可能希望通过纠正来获得补偿），是导致他们受到损害的原因之一，则：

（1）判给违例方的分数应该是对于他们的违规进行纠正的结果。

（2）非违例方自己造成的这部分损失不减轻。

2.（a）因为违例的发生，一副牌不能得到结果时［并且参照本款1（d）］，裁判根据各方对违例所负责任的程度，判给人为调整分：判给负有直接责任的参赛者平均负分（双人赛中至多40%比赛分）；判给负有部分责任的参赛者平均分（双人赛中50%比赛分）；判给没有任何责任的参赛者平均正分（双人赛中至少60%比赛分）。

（b）在国际比赛分制的比赛中，如果裁判选择判给人为调整分，平均正分或者平均负分的对应分数为3IMP或者-3IMP。经主管单位的授权，赛事组织方依照第78条D款和第86条B款3，以及本项（d）的规定可以对此进行增减。

（c）当一个非违例的参赛者在一节比赛中获得比赛分超过60%，或者一个违例的参赛者在一节比赛中获得比赛分少于40%时（或者对应的IMP），对本项（a）和（b）所述进行修正。这样的参赛者被判给在该节其他副牌中所获得的平均比赛分百分比（或者对应的IMP）。

（d）对于参赛者在同一节中多副牌未能得到结果的情况，主管单位可以规定如何处理。在相关规定中，对于后续每副牌所裁定的分数与本项（a）和（b）可以不同。

3. 在个人赛中，裁判依照本规则执行纠正，并且依照调整分的规定，判给违例方两位牌手相同的调整分，即使可能只有一位牌手对违例负责。但是裁判如果认为违例者的搭档没有任何过失，不应对他作出程序性判罚。

4. 在淘汰赛中，当裁判判给不平衡的调整分时，两队在该副牌的分数分别计算，并且把两个分数的平均数分配给每个队。

第13条　牌张数目不正确[①]

A. 没有作出任何叫牌时

如果任何一位牌张数目不正确的牌手都没有作出过叫牌，则：

①当发现一手或者更多手牌多于13个牌张时适用本条。对于一副缺失牌张的牌参照第14条。

1. 裁判应当纠正牌张数目的差异，并且如果任何牌手没有看到过其他牌手的牌张，裁判应当要求该副牌的比赛正常进行。

2. 如果裁判确定牌套中一手或者更多手牌的牌张数目不正确，并且有牌手已经看到了其他牌手的一个或者更多牌张，裁判允许该副牌打牌和记分。如果之后裁判认定额外信息影响了该副牌的结果，他应当调整分数［参照第12条C款1（b）］，并且可以判罚违规者。

B. 在竞叫和打牌过程中发现牌张数目不正确

如果裁判确定最初一位牌手的牌多于13个牌张，同时另一位牌手的牌少于13个牌张，并且牌张数目不正确的牌手已经作出过叫牌：

1. 如果裁判断定该副牌可以改正并且正常进行，则可以不更改叫牌继续比赛。打牌结束之后裁判可以判给调整分数。

2. 否则，在牌张数目不正确的情况下有牌手已经作出过叫牌，裁判应当判给调整分［参照第12条C款1（b）］，并且可以判罚违规者。

C. 多余的牌张

如果发现任何不属于该副牌的多余牌张，去除它们，该副牌的竞叫和打牌继续进行没有进一步纠正。只有当发现这样的一个牌张已经在某个完成的牌墩中打出时，裁判才判给调整分。

D. 打牌完成之后

一副牌打牌完成之后，如果裁判确定最初一位牌手的牌多于13个牌张，同时另一位牌手的牌少于13个牌张，该副牌的打牌结果必须取消并且必须判给调整分（可能适用第86条B款）。违例者可能受到程序性判罚。

第14条　牌张缺失

A. 在打牌开始之前发现牌张缺失

当发现一手或者更多手牌的牌张数目少于13，并且没有一手牌多于13个牌张时，在首引牌张翻明之前，裁判寻找所有缺失的牌张，并且：

1. 如果牌张找到，归还给缺失牌张的牌手。

2. 如果牌张不能找到，裁判另用一副牌，按照原样复制出来。

3. 找到并且归还给缺失牌张牌手的牌张，被视为一直保持在缺失牌张的牌手的手中，已经作出的叫牌不改变，竞叫和打牌正常地继续进行。

B. 在打牌开始之后发现牌张缺失

当发现一手或者更多手牌的牌张数目少于13，并且没有一手牌多于13个牌张时，在首引牌张翻明之后的任何时间（直到更正阶段结束），裁判寻找所有缺失的牌张，并且：

1. 如果缺失的牌张是在已经打出的牌张中找到的，适用第67条。

2. 如果缺失的牌张在其他地方找到，把它归还给缺失牌张的牌手，裁判可以进行纠正并且（或者）作出判罚（参照本款4）。

3. 如果缺失的牌张不能找到，另用一副牌按照原样复制出来，裁判可以进行纠正并且（或者）作出判罚（参照本款4）。

4. 依照本条的规定找到并且归还给缺失牌张的牌手的牌张，被视为一直保持在缺失牌张的牌手的手中，该牌张可能成为罚张（第50条），并且如果未能按照规定打出该牌张可能构成藏牌。

C. 来自牌张归还的信息

来自牌张归还的信息，对于牌张数目不正确的牌手的搭档而言是非法信息。

第15条　一副或者一手错牌

A. 来自错牌的牌张

1. 如果一位牌手持有从一副错牌中取出的牌张作出了叫牌，该叫牌（连同后面接续的任何叫牌全都）取消。

2.（a）如果违规者的搭档接续作出了叫牌，裁判应当判给调整分。

（b）否则，在看过正确的一手牌之后，该违规者再次作出叫牌，竞叫从那一时刻起正常进行。

（c）第16条C款适用于任何被撤回或者被取消的叫牌。

3. 之后，在打被错取出牌张的那副牌时，如果该违规者重复了他之前所作出的叫牌，裁判可以允许该副牌的打牌正常进行；但是如果该违规者作出的叫牌与他原先被取消的叫牌[①]不同，裁判应当判给调整分。

4. 在以上的纠正之外，裁判可以再评定作出程序性判罚（第90条）。

---

①如果它的含义非常不同或者它是心理叫，则替换叫牌是不同的。

B. 在竞叫阶段或者打牌阶段发现错牌[①]

在竞叫阶段开始之后，如果发现错牌，则：

1. 如果该桌一位或者多位牌手以前已经打过该副牌，无论是否对抗正确的对手，他这一方和对方在该副牌上的分数均取消。

2. 如果该桌所有牌手以前均没有打过该副牌，裁判应当要求牌手完成该副牌的竞叫和打牌，他允许该副牌的结果成立，并且可以要求双方牌手稍后补打需要打的那副正确的牌。

3. 裁判应当判给被剥夺正当得分机会的参赛者人为调整分。

第16条　合法信息与非法信息

A. 牌手对信息的使用

1. 牌手在竞叫或者打牌中可以使用下列信息：

（a）该信息来自当前这副牌合法的叫牌和打牌（包括被接受的非法叫牌和打牌），并且没有受到其他来源的非法信息影响；

①本款只适用于双人赛和个人赛——团体赛参照第86条B款。

（b）该信息是来自一个撤回行动（撤回的叫牌或者打牌）的合法信息（参照本条C款）；

（c）该信息在本规则或者规定中规定为合法，或者，在没有特别规定时，它来自规则和规定认可的合法方式（但是参照本条B款1）；

（d）该信息是牌手从牌套中取牌之前（参照第7条B款）就已经拥有的，并且规则没有阻止他对该信息的使用。

2. 牌手还可以考虑对己方成绩的估量、对手的特点以及比赛规定的任何要求等因素。

B. 来自搭档的额外信息

1. 任何来自搭档的可能建议某种叫牌或者打牌的额外信息都是非法信息。包括说明、提问、回答、不必要的提醒、未提醒、明显的迟疑、异常的速度以及特别的强调、语气、姿势、动作和举止等。

（a）牌手不得从各种合乎逻辑的叫牌或者打牌中选择一个显然是非法信息所建议的行动。

（b）一个合乎逻辑的选择，是指被询问的同级别牌手，使用该对搭档所用的叫牌和打牌方式，其中有显著比例的牌手会认真考虑，并且一些牌手可能会选择的行动。

2. 当牌手认为对手已经提供了额外信息，并且可能造成对己方的损失时，他可以宣称保留稍后召请裁判的权利（如果对方对非法信息可能已经被传递的事实有异议，他们应该立即召请裁判），主管单位禁止的除外（主管单位可以要求立即召请裁判）。

3. 如果牌手有充足的理由认为，对方本来有合乎逻辑的行动，却选择了一个由额外信息所建议的行动，他应该在该副牌打牌结束时召请裁判[①]。如果裁判认定该违规造成了违规方获利，他应当判给调整分（参照第12条C款1）。

C. 来自撤回叫牌或者打牌的信息

当依照本规则撤回一个叫牌或者打牌时：

1. 对非违例方而言所有来自撤回行动的信息都是合法信息，无论该行动是己方的还是对方的。

2. 对违例方而言来自己方和非违例方的撤回行动的信息，都是非法信息。违例方牌手不得从各种合乎逻辑的叫牌或者打牌中选择一个显然是非法信息所建议的行动。

3. 如果裁判认定违反本款2的犯规对非违规方造成了损害，应当判给调整分（参照第12条C款1）。

①早些或者迟些时候召请裁判不违规。

D. 来自其他来源的额外信息

1. 对于一副正在或者尚未进行比赛的牌，牌手意外地接收到该副牌的额外信息。比如看到了错误的一手牌，听到了其他桌的叫牌、结果或者讨论，看到了其他桌的牌，或者在竞叫开始之前看到了同桌其他牌手手中的牌张（并且参照第13条A款），应该立即告知裁判，最好由接收到该信息的牌手自行报告。

2. 在没有任何牌手作出叫牌之前，如果裁判认定该信息可能影响该副牌的正常比赛：

（a）如果比赛类型及其记分方式允许，调整该牌手在该牌桌的座位，让他持有获得信息的牌；

（b）如果比赛方式允许，重发该副牌给那些相关牌手；

（c）允许该副牌比赛完成，并且随时准备，如果断定该额外信息可能已经对该副牌的结果造成影响，就判给调整分；

（d）判给调整分（团体赛参照第86条B款）。

3. 如果这样的额外信息是在该副牌第一个叫牌作出之后到打牌完成之前这段时间所接收到的，裁判依照本款2（c）或者（d）执行。

第五章　竞叫

第17条　竞叫阶段

A. 竞叫阶段开始

当一方的任何牌手从牌套中取出自己的牌时，对于该方而言该副牌的竞叫阶段即开始。

B. 第一个叫牌

由牌套上标明的发牌人作出该副牌的第一个叫牌。

C. 接续叫牌

发牌人的下家作出第二个叫牌，然后每位牌手按照顺时针方向依序叫牌。

D. 竞叫结束

1. 紧接着第22条A款规定的竞叫结束，任何防家翻明首引牌张，竞叫阶段结束（如果是越序首引参照

第54条）。竞叫结束和竞叫阶段结束之间的时间为澄清阶段。

2. 如果没有牌手作出过实质叫牌（参照第22条B款），当四手牌都已经放回牌套时，竞叫阶段结束。

3. 当一个叫牌之后接着三个不叫时，如果其中有任何一个为越序不叫，剥夺了某位牌手该轮的叫牌权利，竞叫还没有结束。当这样的情况发生时，由错过叫牌机会的牌手叫牌，越序不叫及之后的所有不叫全都取消，竞叫正常进行。取消的叫牌适用第16条C款，任何越序不叫的牌手都是违例者。

第18条　实质叫牌

A. 正确的形式

实质叫牌是一个指定阶数（从一到七的额外墩数）和定约名目的叫牌（不叫、加倍和再加倍是叫牌但不是实质叫牌）。

B. 超叫

一个实质叫牌超越前一个实质叫牌，在同一阶数时定约名目高于前者或者对于任何定约名目的阶数大于前者。

C. 足够叫牌

后面的一个实质叫牌超越前面的一个实质叫牌，为足够叫牌。

D. 不足叫牌

后面的一个实质叫牌没有超越前面的一个实质叫牌，为不足叫牌。作出不足叫牌违规（关于纠正参照第27条）。

E. 定约名目的等级

定约名目的等级由高到低依序为：无将、黑桃、红心、方块和梅花。

F. 不同的方式

主管单位可以规定不同的叫牌方式。

第19条　加倍和再加倍

A. 加倍

1. 牌手作出加倍必须是针对对方作出的最后一个实质叫牌。在该实质叫牌和加倍之间不能有不叫以外的叫牌。

2. 进行加倍时正确的形式是只说一个词“加倍”，不应再表示出所要加倍的实质叫牌的阶数或者定约名目。

3. 进行加倍时，牌手如果说错了他要加倍的实质叫牌，或者说错了该实质叫牌的阶数或者定约名目，则他被视为针对对方当时最后的一个实质叫牌作出了加倍（可能适用第16条非法信息）。

B. 再加倍

1. 牌手作出再加倍必须是针对对方前面作出的最后一个加倍。在加倍和再加倍之间不能有不叫以外的叫牌。

2. 进行再加倍时正确的形式是只说一个词“再加倍”，不应再表示出所要再加倍的实质叫牌的阶数或者定约名目。

3. 进行再加倍时，牌手如果说错了他要再加倍的实质叫牌，或者说错了该实质叫牌的阶数或者定约名目，则他被视为对己方当时最后的一个实质叫牌作出了再加倍（可能适用第16条非法信息）。

C. 被取代的加倍或者再加倍

任何加倍或者再加倍，均被接续的合法的实质叫牌所取代。

D. 加倍或者再加倍定约的记分

如果加倍或者再加倍没有被接续的合法的实质叫牌所取代，则依照第77条规定的增值分数记分。

第20条　叫牌的复述和解释

A. 不能清楚识别的叫牌

如果牌手对已经作出的叫牌有疑问，可以立即要求澄清。

B. 竞叫阶段的叫牌复述

在竞叫阶段，任何牌手当轮到他叫牌时有权要求复述前面的全部叫牌，“提醒”应该包括在复述中，依照规则要求必须不叫的牌手除外。牌手不得要求只复述前面的部分叫牌，也不得在完成复述之前要求停止。

C. 最终不叫之后的复述

1. 在最终不叫之后，任何防家有权询问是否由他进行首引（参照第47条E款和第41条）。

2. 庄家[①]或者任何防家，在第一次轮到他打牌

①庄家第一轮打牌先从明手出牌，接受越序首引除外。

时，均可以要求复述该副牌的全部叫牌过程（参照第41条B款和C款）。与本条B款相同，牌手不得要求只复述前面的部分叫牌，也不得在完成复述之前要求停止。

D. 谁可以复述叫牌

对于复述叫牌的要求，应当只由要求复述叫牌者的对手作答。

E. 复述错误的改正

所有牌手，包括明手或者依照规则的要求不叫的牌手，均有责任对复述的错误及时加以改正（当错误的复述造成损害时参照第12条C款1）。

F. 叫牌的解释

1. 在最终不叫之前的竞叫阶段，任何牌手仅在轮到他自己叫牌时，可以要求[①]对方解释对方的竞叫，他有权了解实际已经作出的叫牌、可能作出而没有作出的相关叫牌以及来自这个叫牌选择的搭档间协议之类的相关推论。被询问的叫牌，应该由叫牌者的搭档作答，裁判另有指令的除外。提问牌手

①规则要求牌手不叫的情况除外。

的搭档，在轮到他叫牌或者打牌前，不得对该提问进行补充提问。可能适用第16条。主管单位可以对书面解释作出规定。

2. 在最终不叫之后和整个打牌阶段，任何防家在轮到他打牌时，均可以要求对方充分地解释所作出的叫牌的含义。在轮到庄家或者明手打牌时，庄家可以要求防家对他们的叫牌协议或者打牌协议作出解释。牌手的叫牌协议或者打牌协议被要求解释时，应该由该牌手的搭档依照本款1作出回答。

3. 在不违反本款1和2的情况下，可以针对某个单一叫牌进行提问，但是可能适用第16条B款1。

4.（a）如果牌手在竞叫过程中意识到自己解释错误或者解释不完整，他必须在澄清阶段结束之前召请裁判，并且改正错误解释。他可以选择稍早时候召请裁判，但是没有义务这样做（关于打牌阶段的改正，参照第75条B款2）。

（b）如果牌手召请了裁判，适用第21条B款或者第40条B款3。

5.（a）作出错误解释牌手的搭档，在竞叫中不得改正这个错误，也不得以任何方式暗示已有错误解释出现。这里的“错误解释”包括没有依照规定要求作出提醒或者声明，或者作出了不必要的提醒或者声明。

（b）牌手必须召请裁判并且告诉对手，他认为他的搭档作出了错误解释（参照第75条B款），但仅限于最早的合法机会：

（1）如果是防家，在打牌结束时；

（2）如果是庄家或者明手，在竞叫的最终不叫之后。

6. 如果裁判断定一位牌手基于对手提供的错误信息采取了行动，适用第21条或者第47条E款。

G. 不正确的程序

1. 牌手不得询问一个仅仅旨在让搭档受益的问题。

2. 牌手不得询问一个仅仅旨在诱使对方做出错误应答的问题。

3. 在竞叫阶段和打牌过程中，牌手不得查阅己方的体系卡及其附页，［但是参照第40条B款2（b）］，主管单位允许的情况除外。

第21条　错误信息

A. 牌手基于自己误解所作出的叫牌或者打牌

对于牌手基于自己误解所作出的行动，不进行纠正或者补偿。

B. 基于对手提供的错误信息所作出的叫牌

1.（a）在竞叫阶段结束之前（参照第17条D款），并且当他的搭档尚未接续叫牌时，如果裁判断定该牌手可能基于对手提供的错误信息作出了叫牌，可以允许该牌手对叫牌作出更改，没有其他的纠正。未能依照主管单位要求及时作出提醒，视为提供了错误信息。

（b）在缺乏相反证据的情况下，裁判假设是错误解释，而不是错误叫牌。

2. 一位牌手由于对方提供了错误信息而更改了叫牌之后（如本款1），他的下家也可以更改自己的接续叫牌，但是适用第16条C款。

3. 当来不及更改叫牌，并且裁判断定违例方从违例中获利时，判给调整分。

第22条　竞叫结束

下列情况，竞叫结束：

1. 一位或者更多位牌手作出过实质叫牌，最后一个实质叫牌之后依序有三个连续的不叫，最后的实质叫牌成为该副牌的定约（但是参照第19条D款）。

2. 四位牌手都不叫（但是参照第25条），该副牌不进行打牌，放回牌套。该副牌不应该重新发牌。

第23条　可比较的叫牌

A. 定义

用来替换被撤回叫牌的叫牌，如果符合下列条件，就是可比较的叫牌：

1. 具有与该被撤回叫牌相同或者相似的含义，或者
2. 界定了该被撤回叫牌可能含义的一个子集，或者
3. 具有与该被撤回叫牌相同的目的（例如问叫或者接力）。

B. 没有纠正

当一个叫牌被取消时（如第29条B款所规定的情况），违例者在他的正常轮次选择一个可比较的叫牌替换违例叫牌，则竞叫和打牌都继续进行，没有进一步纠正。第16条C款2不适用，但是参照本条C款。

C. 非违规方受到损害

如果在进行了可比较的叫牌替换［参照第27条B款1（b）、第30条B款1（b）（1）、第31条A款2（a）和第32条A款2（a）］之后，裁判在打牌结束

时断定该副牌的结果如果没有违规的助力就很可能不同，并且导致了非违规方受到损害，应当判给调整分［参照第12条C款1（b）］。

第24条　在竞叫中暴露的或者引出的牌张

当裁判确定，在竞叫中，因为牌手自己的错误把他手中牌一个或者更多的牌张正面向上地放置在他的搭档已经能看到的位置时，裁判应当要求该牌手把所有这样的牌张正面向上放在桌面上，直到竞叫结束。来自这样暴露牌张的信息对非违例方而言是合法信息，对违例方而言是非法信息。如果违例者成为庄家或者明手，这些牌张收回到手中。如果违例者成为防家，所有这些牌张成为罚张（参照第16条C款）。

A. 非过早引出的小牌

如果只是一张9或者9以下的小牌并且不是过早引出的牌张，不再进一步纠正（但是参照本条E款）。

B. 单张大牌或者过早引出的牌张

如果是一张大牌，或者是任何一个过早引出的牌张，违例者的搭档在下一次轮到他叫牌时，必须不叫（当强制性不叫损害了非违例方时，参照第72条C款）。

C. 两个或者更多暴露的牌张

如果有两个或者更多暴露的牌张时，违例者的搭档在下一次轮到他叫牌时，必须不叫（当强制性不叫损害了非违例方时，参照第72条C款）。

D. 定约方

如果违例者成为庄家或者明手，这样暴露的牌张拿起收回手中。

E. 防守方

如果竞叫结束时违例者成为防家，所有这样暴露的牌张都成为罚张（参照第50条和第51条）。

第25条　合法与非法的更改叫牌

A. 无意识的叫牌

1. 在搭档作出叫牌之前，如果牌手发现所作出的不是自己原本意图作出的叫牌，他可以用原本意图作出的叫牌替换无意识作出的叫牌。第二个叫牌（原本意图的叫牌）成立并且受制于适当的规则条款，但是第26条的引牌限制不适用。

2. 如果所选择或者所口述出来的叫牌是牌手原本

意图的叫牌，该叫牌成立。如果是由于操作失误或者口误，可以允许更改叫牌；但是因为对于行动的意图不专注则不允许更改。

3. 如果发生本款1规定的情况，允许牌手替换那个无意识的叫牌，无论他是如何意识到这一错误的。

4. 如果搭档已经作出了接续叫牌，牌手不得替换叫牌。

5. 如果竞叫在轮到他的搭档叫牌之前结束，牌手不得在竞叫阶段结束之后替换叫牌（参照第17条D款）。

6. 如果替换的叫牌被接受，下家可以撤回他自己针对第一个叫牌所作出的叫牌。来自撤回叫牌的信息对撤回叫牌方而言是合法信息，对于对方而言是非法信息。

B. 有意识的叫牌

1. 本条A款不允许的替换叫牌，违例者的下家可以接受（如果下家针对替换叫牌作出了有意识的叫牌即为接受），于是第一个叫牌撤回，第二个叫牌成立，竞叫继续进行（第26条可能适用）。

2. 本款1规定的情况除外，本条A款所不允许的替换叫牌取消，原来的叫牌成立，竞叫继续进行（第26条可能适用）。

3. 任何被撤回或者被取消的叫牌都适用第16条C款。

第26条　撤回叫牌及引牌限制

A. 没有引牌限制

违规者撤回一个叫牌，并且替换成可比较的叫牌（参照第23条A款），之后，如果他成为防家，防守方没有引牌限制。第16条C款不适用，但是参照第23条C款。

B. 引牌限制

违规者撤回一个叫牌，并且没有替换成可比较的叫牌，之后，如果他成为防家，当违规者的搭档第一次获得引牌权（可以是首引）时，庄家可以禁止违规者的搭档引出违规者在合法竞叫中所没有指定的任何（一种）花色，并且该禁止在违规者的搭档保持引牌权时一直有效。

第27条　不足叫牌

A. 不足叫牌被接受

1. 违规者的下家可以选择接受任何不足叫牌。如果违规者的下家作出了接续叫牌，该不足叫牌被接受（视为合法叫牌）。

2. 如果牌手的不足叫牌是越序叫牌，适用第31条。

B. 不足叫牌不被接受

一个依序作出的不足叫牌如果没有被接受（参照本条A款），必须用一个合法叫牌替换该不足叫牌来进行更正（但是参照本款3）。则：

1.（a）如果对不足叫牌进行更正，更正后的叫牌与所撤回的叫牌所指定的定约名目相同并且为其中最低的足够叫牌。竞叫继续进行，没有进一步纠正。第26条B款和第16条C款不适用，但是参照本条D款。

（b）（a）规定的情况除外，如果不足叫牌更正为可比较的叫牌（参照第23条A款），竞叫继续进行，没有进一步纠正，但是参照本条D款。

2. 本款1规定的情况除外，如果不足叫牌更正为一个足够叫牌或者不叫，违规者的搭档在以后轮到他叫牌时，必须永远不叫。可能适用第26条B款引牌限制，并且参照第72条C款。

3. 本款1（b）规定的情况除外，如果违规者试图用加倍或者再加倍替换不足叫牌，那么该试图替换的叫牌取消。违规者必须用上述允许的叫牌替换，违规者的搭档在以后轮到他叫牌时，必须永远不叫。可能适用第26条B款引牌限制，并且参照第72条C款。

4. 如果违规者试图把不足叫牌替换为另一个不足叫牌，下家在如本条A款1规定的情况下不接受替换的不足叫牌，裁判依照本款3作出裁定。

C. 过早更换叫牌

如果违规者在裁判裁定纠正之前更换了他的不足叫牌，本条A款1允许被接受的情况除外，该替换叫牌如果合法即成立（但是参照本条B款3）。裁判对于该替换叫牌依照上述相应的条款处理。

D. 非违规方受到损害

在执行本条B款1之后，裁判在打牌结束时断定该副牌的结果如果没有违规的助力就很可能不同，并且导致了非违规方受到损害（参照第12条B款1），应当判给调整分。裁判在调整中应该寻求尽可能地恢复不足叫牌没有发生时该副牌可能的结果。

第28条　被认定为依序叫牌

A. 上家被要求不叫

如果一名牌手在轮到他的上家（依照本规则已被要

求不叫）时做出了叫牌，则该叫牌被认定为依序叫牌。

B. 正确位置牌手的叫牌取消了越序叫牌

在对方越序叫牌之后，尚未评定纠正之前，原来依序轮到叫牌的牌手作出了叫牌，该叫牌被认定为依序叫牌，非违例方丧失了对越序叫牌纠正的权利。以后的竞叫视为对方在该轮没有发生越序叫牌继续进行。第26条不适用，但是参照第16条C款2。

第29条　越序叫牌之后的程序

A. 纠正权的丧失

在越序叫牌之后，违规者的下家可以选择接续叫牌，但是丧失对越序叫牌纠正的权利。

B. 被取消的越序叫牌

本条A款所适用的情况除外，越序叫牌被取消，然后由原依序叫牌者叫牌。违规方受第30、31和32条规定的限制。

C. 越序叫牌是人为叫牌

如果越序叫牌是人为叫牌，第30、31和32条的规定适用于该叫牌所指定的定约名目，而不是叫出的定约名目。

第30条　越序不叫

当牌手越序不叫，并且没有出现第29条A款中的情况时，该越序不叫被取消，适用下列条款（如果不叫是人为叫牌，参照本条C款）：

A. 轮到上家叫牌

当违规者在轮到上家叫牌时越序不叫，则违规者在下一次轮到他叫牌时必须不叫，并且可能适用第72条C款。

B. 轮到搭档或者下家叫牌

1. 如果违规者之前没有作出过叫牌，在轮到搭档或者下家叫牌时越序不叫，则：

（a）违规者的搭档在他的正确轮次可以作出任何合法叫牌，但是第16条C款2适用。

（b）违规者在他的修正轮次可以作出任何合法叫牌，并且：

（1）当该叫牌是一个可比较的叫牌（参照第23条A款）时，没有进一步纠正。第26条B款不适用，但是参照第23条C款。

（2）当该叫牌不是一个可比较的叫牌（参照第23条A款）时，违规者的搭档在下一次轮到他叫牌时必须不叫。第16条C款、第26条B款和第72条C款可能适用。

2. 违规者之前作出过叫牌，如果他在轮到下家叫牌时越序不叫，依照更改叫牌处理，适用第25条。

C. 如果越序不叫是人为叫牌

当越序不叫是人为叫牌或者是针对一个人为叫牌而作出时，不适用本条，适用第31条。

第31条　越序实质叫牌

当牌手作出了越序实质叫牌、人为不叫或者针对搭档的人为叫牌不叫（参照第30条C款），并且没有出现第29条A款规定的情况时，该越序叫牌取消，适用下列规定：

A. 轮到上家叫牌

如果违规者在轮到上家叫牌时越序叫牌，则：

1. 如果上家不叫，违规者必须重复原越序叫牌，并且当该叫牌合法时，不予纠正。

2. 如果上家作出了一个合法[1]的实质叫牌、加倍或者再加倍，违规者可以作出任何合法叫牌。如果该叫牌：

（a）当该叫牌是一个可比较的叫牌（参照第23条A款）时，没有进一步纠正。第26条B款不适用，但是参照第23条C款。

（b）当该叫牌不是一个可比较的叫牌（参照第23条A款）时，违规者的搭档在下一次轮到他叫牌时必须不叫。第16条C款、第26条B款和第72条C款可能适用。

B. 轮到搭档或者下家叫牌

如果违规者之前没有作出过叫牌，在轮到搭档或者下家叫牌时作出了越序实质叫牌，则：

1. 违规者的搭档在他的正确轮次可以作出任何合法叫牌，但是第16条C款2适用。

2. 违规者在他的修正轮次可以作出任何合法叫牌，并且裁判依照本条A款2（a）或者（b）进行裁定。

---

①上家的非法叫牌正常纠正。

C. 轮到下家叫牌时，作出过叫牌的违规者作出了越序实质叫牌

在轮到下家叫牌时，作出过叫牌的违规者作出了越序实质叫牌依照更改叫牌处理，并且第25条适用。

第32条　越序加倍或者再加倍

发生越序加倍或者再加倍时，违规者下家可以选择接续叫牌而接受它们（参照第29条A款），但是不能成立的加倍或者再加倍永远不得被接受（参照第36条）。如果该越序叫牌没有被接受，则取消，并且：

A. 轮到上家叫牌

如果违规者在轮到上家叫牌时作出了越序加倍或者再加倍，则：

1. 如果违规者的上家不叫，违规者必须重复原来叫出的越序的加倍或者再加倍，不予纠正，不能成立的加倍或者再加倍除外，在这种情况下，适用第36条。

2. 如果违规者上家作出了实质叫牌、加倍或者再加倍，违规者可以依序作出任何合法叫牌：

（a）当该叫牌是一个可比较的叫牌（参照第23条A款）时，没有进一步纠正。第26条B款不适用，

但是参照第23条C款。

（b）当该叫牌不是一个可比较的叫牌（参照第23条A款）时，违规者的搭档在下一次轮到他叫牌时必须不叫。第16条C款、第26条B款和第72条C款可能适用。

B. 轮到违规者的搭档叫牌

如果违规者在轮到搭档叫牌时作出了越序加倍或者再加倍，则：

1. 违规者的搭档可以作出任何合法叫牌，但是第16条C款2适用。

2. 违规者在他的正确轮次可以作出任何合法叫牌，并且裁判依照本条A款2（a）或者A款（b）进行裁定。

C. 如果违规者之前作出过叫牌，轮到下家叫牌

在轮到下家叫牌时，作出过叫牌的违规者作出了越序加倍或者再加倍，依照更改叫牌处理，并且第25条适用。

第33条　同时叫牌

与轮到叫牌的牌手同时叫牌视为接续叫牌。

第34条　叫牌权利的保留

当一个叫牌之后是三个连续的不叫，并且其中包含一个或者更多的越序不叫时，适用第17条D款3。

第35条　不能成立的叫牌

下列叫牌不能成立：

1. 第19条不允许的加倍或者再加倍。适用第36条。
2. 被要求不叫的牌手作出了实质叫牌、加倍或者再加倍。适用第37条。
3. 超过7阶的实质叫牌。适用第38条。
4. 最终不叫之后的叫牌。适用第39条。

第36条　不能成立的加倍和再加倍

A. 在纠正之前违规者下家作出叫牌

如果在不能成立的加倍或者再加倍被纠正之前，违规者的下家作出了叫牌，该不能成立的加倍或者再加倍叫牌以及所有接续的叫牌取消，退回到应该轮到叫牌的牌手叫牌，并且视为违例没有发生过一样继续竞叫。不适用第26条B款引牌限制。

B. 在纠正之前违规者下家没有作出叫牌

当不适用本条A款时：

1. 取消任何第19条不允许的加倍或者再加倍。

2. 违规者必须替换成一个合法叫牌，竞叫继续进行，并且违规者的搭档在轮到他叫牌时，必须永远不叫。

3. 可能适用第72条C款。可能适用第26条B款引牌限制。

4. 如果该叫牌是越序叫牌，退回到应该轮到叫牌的牌手叫牌，违规者在轮到他叫牌时可以作出任何合法叫牌，并且违规者的搭档在轮到他叫牌时必须永远不叫。可能适用第72条C款。可能适用第26条B款引牌限制。

C. 在竞叫阶段之后发现的违例

对于不能成立的加倍或者再加倍，如果在首引牌张翻明之后才指出违例，最终定约按照这个不能成立的叫牌没有作出的情况进行记分。

第37条　违反必须不叫义务

A. 在纠正之前违规者下家作出叫牌

如果被规则要求不叫的牌手作出了不能成立的实

质叫牌、加倍或者再加倍（但是没有违反第19条A款1或者B款1），而违规者的下家在裁判作出纠正裁定之前作出叫牌，该叫牌和所有接续叫牌成立。如果在剩余的竞叫中违规者被要求不叫，他必须在以后各轮仍然不叫。不适用第26条B款引牌限制。

B. 在纠正之前违规者下家没有作出叫牌

当不适用本条A款时：

1. 被规则要求不叫的牌手所作出的任何实质叫牌、加倍或者再加倍被取消。

2. 用不叫替换被取消的叫牌，竞叫继续进行，并且违规方的每位牌手在轮到他叫牌时，必须永远不叫。可能适用第72条C款。可能适用第26条B款引牌限制。

第38条　超过7阶的实质叫牌

A. 不允许任何打牌

任何超过7阶的定约是永远不允许进行打牌的。

B. 取消超过7阶的实质叫牌及其接续叫牌

超过7阶的实质叫牌及其所有接续叫牌均被取消。

C. 违规方必须不叫

必须用不叫替换。竞叫继续进行，并且违规方的每位牌手在轮到他叫牌时必须永远不叫，竞叫已经结束的除外。

D. 可能不适用第26条B款和第72条C款

如果违规者的下家在纠正之前已经对违规作出了接续叫牌，不再适用第72条C款和第26条B款引牌限制。

第39条　最终不叫之后的叫牌

A. 被取消的叫牌

在最终不叫之后的所有叫牌均取消。

B. 防家的不叫或者定约方的任何叫牌

如果违规者的下家在纠正之前作出了叫牌，或者违规是由防家作出的不叫亦或定约方作出的任何叫牌，则不再进一步纠正。

C. 防家的其他行动

如果防家违规作出了实质叫牌、加倍或者再加倍，而违规者的下家没有对该违规叫牌作出接续叫牌，则可能适用第26条B款引牌限制。

第40条　搭档间的协议

A. 牌手的体系性约定

1.（a）搭档间的协议可以通过讨论明确地达成，或者通过牌手共同的经验和认识含蓄地达成。

（b）每对搭档有义务让对手了解他们之间的协议。具体方式由主管单位作出规定。

2. 通过这样的协议传递给搭档的信息，必须从当前牌局的叫牌、打牌和条件中产生。每位牌手都有权把合法的叫牌和他所看到的牌张（本规则不允许的除外）考虑在内，他有权使用本规则在其他条款中规定的合法信息（参照第73条C款）。

3. 只要不是基于搭档间没有公开的协议（参照本条C款1），牌手可以不经事先声明而作出任何叫牌或者打牌。

4. 搭档间已经作过约定的叫牌或者打牌的含义，不应因为由该搭档间不同成员使用而改变（该要求只针对方法，不限制风格和判断）。

B. 特殊的搭档间协议

1.（a）搭档间的约定，无论是明确的还是含蓄的，均构成搭档间的协议。

（b）主管单位可以自行规定某些搭档间的协议为“特殊的搭档间协议”。如果主管单位认定，某些搭档间协议的含义在比赛中使得相当数量的牌手不易理解和预料，这样的协议就属于特殊的搭档间协议。

（c）任何具有人为含义的叫牌均构成一个特殊的搭档间协议，主管单位另有规定的除外。

2.（a）主管单位

（1）有权不受限制地允许、不允许或有条件地允许任何特殊的搭档间协议。

（2）对于前面所列出的搭档间的协议，可以指定体系卡，有无附页均可，并且规定体系卡及其附页的使用。

（3）可以规定提醒的程序和（或者）其他公开搭档间协议的方式。

（4）可以不允许牌手在竞叫和打牌过程中，在对方违例之后改变事先约定的协议。

（5）可以限制心理性人为叫牌的使用。

（b）牌手从竞叫阶段开始直到打牌结束，不得查阅己方的体系卡，主管单位另有规定的除外。在澄清阶段，只有定约方的牌手可以查阅己方的体系卡。

（c）牌手在下列时间可以查阅对手的体系卡（主管单位另有规定的除外）：

（1）在竞叫开始之前；

（2）在澄清阶段；

（3）在竞叫期间和打牌期间只有轮到他叫牌或者打牌时，并且

（4）在对手要求解释时，依照第20条F款，为了正确地解释搭档叫牌或者打牌的含义。

（d）在竞叫阶段和打牌阶段，牌手不得使用任何对记忆、计算或者技巧有帮助的工具，主管单位另有规定的除外。

3.（a）因为对手未能依照本规则的要求说明叫牌或者打牌的含义而受到损害的一方，有权通过裁判判给调整分得到纠正。

（b）反复地违反公开的搭档间协议的要求，可能受到判罚。

4. 当一方没有依照比赛规定使用了特殊的搭档间协议，给对方造成损害时，应当判给调整分。违反规定的一方可能受到程序性判罚。

5.（a）当在回答对手的询问中解释搭档的叫牌或者打牌含义时（参照第20条），牌手应当说明通过搭档间的协议或者经验所传递给他的全部特殊信息，但是不必说明通过牌手通常共知的桥牌知识和经验所得出的推论。

（b）如果在解释中没有给出的信息对于对手采

取行动的选择是至关重要的，并且对手因此受到损害，裁判判给调整分。

C. 对体系的偏离和心理性的行动

1. 在搭档不比对手有更多理由知情的情况下，牌手可以偏离己方事先宣布的协议［但是参照本条B款2（a）（5）］。反复的偏离会导致含蓄的协议，形成搭档间的默契，对此必须在约定卡上注明。如果裁判断定牌手对此隐瞒而给对方造成了损害，应当判给调整分，并且可以评定作出程序性判罚。

2. 任何牌手没有义务告诉对方他已经偏离了事先宣布的叫牌或者打牌方式，本款1规定的情况除外。

第六章　打牌

第41条　打牌开始

A. 牌张正面向下的首引

在一个实质叫牌、加倍或者再加倍之后，紧接着依序三家不叫，由理论上庄家的下家作出牌张正面向下的首引[①]。该牌张正面向下的首引，只有在发生违例之后，经过裁判指令才可以撤回（参照第47条E款和第54条）；撤回的牌张必须放回原防家手中。

B. 竞叫的复述和询问

首引牌张翻明之前，首引者的搭档和理论上的庄家（而不是理论上的明手），均可以要求复述竞叫过程，或者要求对方解释某个叫牌（参照第20条F款2和3）。庄家[②]或者任何防家在第一次轮到他打牌时，可

①主管单位可以规定牌张正面向上的首引。

②庄家第一轮从明手打牌，除非他接受了越序首引。

以要求复述竞叫过程；但是他打出第一个牌张之后，此项权利立即消失。防家（受到第16条限制）和庄家在整个打牌阶段，每次轮到他[①]打牌时均有权要求对方作出解释。

C. 翻明的首引牌张

澄清阶段之后，首引牌张翻明是打牌阶段不可逆转的开始，并且明手的牌摊明在桌面上（但是牌张正面向上的越序首引参照第54条A款）。在要求复述竞叫过程的权利消失之后（参照本条B款），当庄家或者任何防家在轮到他出牌时，有权询问是什么定约，是否有加倍或者再加倍，但是不得询问是谁作出的加倍或者再加倍。

D. 明手的牌

首引牌张翻明之后，明手把手中的牌正面向上地摊明在自己面前的桌面上，按照花色排成列，分别把各列牌张由大到小纵向排列，小牌端靠近庄家，把将牌放置于靠近明手的右手处。由庄家打他自己和明手的牌。

①庄家可以在轮到从明手或者手上打牌时进行询问。

第42条　明手的权利

A. 绝对的权利

1. 当裁判在场时，明手有权基于比赛中发生的事实或者规则提供情况。

2. 明手可以保持对赢得或者输掉牌墩的计数。

3. 明手听从庄家的指令打出自己的牌张，并且确保明手跟牌（如果明手建议庄家打牌，参照第45条F款）。

B. 有限制的权利

明手在不违反第43条规定的限制的情况下，可以有下列权利：

1. 当庄家在某墩牌未能跟牌时，明手可以询问庄家是否仍然持有引牌花色牌张（但是不得询问防家）。

2. 明手可以试图预防任何违例。

3. 只有在一副牌打牌结束之后，明手才可以指出该副牌曾经发生的任何违例。

第43条　明手的限制

第42条所允许的情况之外：

A. 对于明手的限制

1.（a）在打牌过程中，明手不得主动召请裁判，已经另有牌手指出违例的除外。

（b）在打牌过程中，明手不得指出违例。

（c）明手不准参与打牌，也不得与庄家进行有关打牌的任何交流。

2.（a）明手不得与庄家交换牌。

（b）明手不得离开自己的座位，去观看庄家打牌。

（c）明手不得看任何防家手中牌张的正面。

3. 防家不得向明手显示他自己手中的牌。

B. 如果犯规发生

1. 明手违反了本条A款1和2中的任何一种限制，会受到第90条的判罚。

2. 如果明手在违反了本条A款2中所列的限制之后：

（a）提醒庄家不要从错误的一手出牌，任何防家均可以指定庄家从某一手出牌。

（b）最先询问庄家手中的打牌是否构成藏牌，如果该打牌非法，庄家必须替换一个正确的牌张，并且视为藏牌已经成立，适用第64条的规定。

3. 如果明手在违反了本条A款2中所列的限制之后，又最先指出防守方的违例，不予立即纠正。打牌继续进行，如同违例没有发生过一样。打牌结束时，如果防守方通过这个违例获利，裁判只调整该方的分数，去除他们的非法获利，定约方则保持桌上结果。

第44条　打牌的顺序和程序

A. 对一墩牌的引牌

引牌的牌手可以打出手中任何牌张（他因为己方发生违例而被纠正受到引牌限制除外）。

B. 对一墩牌的接续打牌

引牌之后，其他每位牌手依序打出一个牌张，四个这样打出的牌张构成一墩（打牌的方式和牌墩的整理分别参照第45条和第65条）。

C. 跟牌要求

在一墩牌的打牌中，每位牌手能够跟牌时必须跟牌。对于履行本规则的所有其他要求而言，跟牌的义务最为优先。

D. 不能跟牌

如果不能跟牌，牌手可以打出任何牌张（他因为己方发生违例而被纠正受到限制除外）。

E. 含有将牌的牌墩

如果一墩牌中含有将牌，则由打出最大将牌的牌手赢得该牌墩。

F. 不含将牌的牌墩

如果一墩牌中不含将牌，则由打出引牌花色中最大牌张的牌手赢得该牌墩。

G. 首引之外的引牌

从赢得上一牌墩的一手牌中对下一牌墩作出引牌。

第45条　打出的牌张

A. 从手中打出牌张

明手除外，其他每位牌手打牌时均从他自己手中抽出一个牌张，并且立即牌张正面向上[①]地放置在自己面前的桌面上。

---

①首引应该牌张正面向下地放置，主管单位另有规定的除外。

B. 从明手打出牌张

庄家打出明手牌张的方式，是先由庄家指定牌张的具体名称，然后明手取出该牌张，并且正面向上地放置在明手面前的桌面上。如果必要，庄家可以自己从明手拿出要打的牌张。

C. 视为打出的牌张

1. 当防家手持的一个牌张的正面有可能被搭档看到时，该牌张被视为在当前牌墩打出（如果防家在当前牌墩中已经打出过合法牌张，参照第45条E款）。

2. 视为庄家已经从自己手中打出该牌张，如果它是：

（a）牌张正面向上地持在手中，碰到或者几乎碰到桌面；或者

（b）停留在一个表明已经被打出的位置上。

3. 庄家谨慎地触摸到明手的某个牌张，该牌张为打出牌张，庄家为了整理明手的牌张或者拿牌时触摸到相邻的一个或者几个牌张的情况除外。

4. （a）如果牌手因为打算打出某个牌张而说出它的具体名称或者以其他方式指定它，该牌张为打出牌张（但是参照第47条）。

（b）在从自己手中或者明手打出下一个牌张之前，庄家可以改正他对明手某个牌张无意识的指定。在口误之后允许更改对某个牌张的指定，但是由于注意力不集中或者是重新考虑行动之后则不允许更改。如果防家在庄家更改对某个牌张的指定之前依序打出了合法牌张，他可以撤回这样打出的牌张，放回到自己手中，并且替换为另一个牌张（参照第47条D款和第16条C款1）。

5. 罚张，无论轻罚张或者重罚张，可能必须打出（参照第50条）。

D. 明手拿起未指定打出的牌张

1. 如果明手把一个庄家没有说出具体名称的牌张放在打出的位置，并且在双方均对下一墩打出牌张之前被指出违例，该牌张必须撤回；并且在明手错误地打出牌张之后，防家在该违例被指出之前所打出的牌张也可以撤回手中；如果庄家的上家更改了打牌，庄家也可以撤回在该墩接续打出的牌张（参照第16条C款）。

2. 超过时限以致不能更改明手错误放置的牌张时（参照上文），打牌继续正常进行，针对错误放置牌张所在牌墩或者后面任何一墩所打出的牌张都不变更。如果这个被错误放置的牌张是对该墩打出的第一个牌张，则未能对该牌张花色跟牌，现在可能构成藏牌（参照第64条A款、第64条B款7和第64条C款）。如果这个被错误放置的牌张进入了完成的牌墩，并且明手因此已经藏牌，参照第64条B款3和第64条C款。

E. 一墩牌中打出的第五张牌

1. 防家在一墩牌中打出的第五个牌张，依照第50条该牌张成为罚张。裁判判定该牌张是对下一墩引牌的除外，这种情况，适用第53条或者第56条。

2. 当庄家在一墩牌中从自己手中或者明手打出第五个牌张时，该牌张放回到原来的那手牌中，没有进一步纠正。裁判判定该牌张是对下一墩引牌的除外，这种情况，适用第55条。

F. 明手示意打某个牌张

明手摊明牌张之后，如果没有庄家的指令不得触摸或者示意打任何牌张（整理牌张除外）。如果明手没有庄家的指令而触摸或者示意打任何牌张，应该立即召请裁判并且告知这一行为。打牌继续进行。打牌结束时，如果裁判认定明手建议庄家打牌，并且防家因为该建议的打法受到损害，他应当判给调整分。

G. 扣牌

同一墩牌中，当四位牌手没有全部打出牌张之前，任何牌手均不应翻扣他所打出的牌张。

第46条　对明手牌张不完整或者无效的指定

A. 指定明手牌张的正确方式

当庄家要求自明手打出某个牌张时，他应该清楚地说出所要打出牌张的具体名称（包括花色和号码）。

B. 不完整或者无效的指定

庄家对明手的牌张作出了一个不完整或者无效的指定时，适用下列规定（庄家显然有不同意图除外）：

1.（a）如果庄家在从明手出牌时说“大”或者相似意思的词语，视为他所说的是所引花色中最大的牌张；

（b）如果庄家指示明手“赢得”这一墩牌，视为他所说的是已知能赢得该墩牌的最小牌张；

（c）如果庄家在从明手出牌时说“小”或者相似意思的词语，视为他所说的是所引花色中最小的牌张。

2. 如果庄家指定了牌张花色，但是没有指定牌张号码，视为他所说的是指定花色中最小的牌张。

3. 如果庄家指定了牌张号码，但是没有指定牌张花色：

（a）引牌时，如果明手赢得上一墩，在赢得牌墩的花色中有一个被指定号码的牌张，视为庄家所指定的是该花色。

（b）在所有其他情况下，明手如果只有一个被指定号码并且是可以合法打出的牌张，必须打出该牌张；如果有两个或者更多被指定号码并且是可以合法打出的牌张，庄家必须指定他要打出的牌张。

4. 如果明手没有庄家指定的牌张，该指定无效，庄家可以重新指定打出任何合法牌张。

5. 如果庄家既没有指定牌张的花色也没有指定牌张的号码（例如说“随便”，或者相似意思的词语），任何防家可以指定自明手出某个牌张。

第47条　打出牌张的收回

A. 在纠正过程中

当一个违例被要求纠正时，已经打出的牌张可以撤回（但是防家撤回的牌张可能成为罚张，参照第49条）。

B. 改正非法打牌

为了改正非法打牌，已经打出的牌张可以撤回（对于防家而言，本条规定之外，参照第49条——罚张）。关于同时打牌，参照第58条。

C. 更改无意识的指定

在第45条C款4（b）所允许更改指定的情况下，已经打出的牌张可以撤回并且放回手中，没有进一步纠正。

D. 在对方更改打牌之后

在对方更改打牌之后，已经打出的牌张可以撤回并且放回手中，没有进一步纠正，并且可以替换成另一个牌张（可能适用第16条C款和第62条C款2）。

E. 更改基于错误信息的打牌

1. 因为对手错误告知轮到某位牌手引牌或者打牌，而导致他越序引牌（或者打出一个牌张）时，该牌张可以收回，没有进一步纠正（参照第16条C款）。这种情况下的引牌或者打牌不得被该牌手的下家接受，并且第63条A款不适用。

2.（a）因为对手对他的叫牌或者打牌含义的错误解释，在对手改正解释之前打出的牌张，只有没有接续打牌时牌手才可以收回（参照第16条C款），没有进一步纠正。但是在明手已经摊明任何牌张之后，首引不得收回。

（b）如果因为超过时限已经不能依照上述（a）的规定更正打牌时，裁判可以判给调整分。

F. 其他的牌张收回情况

1. 依照第53条B款的规定牌张可以撤回。

2. 牌张一经打出，不得撤回，本条具体指定的情况除外。

第48条　庄家牌张的暴露

A. 庄家暴露牌张

庄家不会因为暴露牌张而受到限制（但是参照第45条C款2），并且庄家和明手的任何牌张永远不会成为罚张。对于庄家意外地掉落的任何牌张，不要求强制打出。

B. 庄家摊明牌张

1. 在越序首引之后，庄家把手中的牌张摊明时，适用第54条。

2. 除在对方越序首引之后庄家立刻摊明牌张的情况之外，庄家在其他任何时间摊明手中的牌张，可以视为他作出了声称或者承认（他显然不打算声称除外），并且适用第68条。

第49条　防家牌张的暴露

除正常的打牌进程或者执行规则的过程（参照第47条E款）之外，当防家的牌张处于搭档可能看到该牌张正面的位置，或者防家说出他手中的某个牌张的具体名称时，每张这样的牌张均成为罚张（第50条）；但是防家说明他所摊明的牌张为补打当前正在进行的未完成牌墩时，参照第68条，并且当防家反对搭档的承认时，参照第68条B款2。

第50条　罚张的处理

防家过早暴露的牌张（但不是引牌牌张，参照第57条）均是罚张，裁判另有指令的除外（参照第49条并且可能适用第72条C款）。

A. 罚张保持暴露状态

罚张必须立即牌张正面向上地放置在持有者面

前，直到对它纠正的选择已经作出。

B. 轻罚张或者重罚张

无意识地暴露的一张9或者9以下的牌张（比如在一墩牌中打出了两个牌张，或者意外地掉落出一张小牌），成为轻罚张。暴露的任何大牌，或者经思考之后所打出的任何牌张（如越序引牌，或者藏牌及其随后的改正），成为重罚张。如果一位防家有两个或者更多罚张，所有罚张均成为重罚张。

C. 轻罚张的处理

当一位防家有轻罚张时，一直到他打出该罚张之前，不得打出该罚张花色中9或9以下的任何小牌，但是相反地，他有权打出该罚张花色的一张大牌。违规者的搭档不受引牌限制，但是参照本条E款。

D. 重罚张的处理

当一位防家有重罚张时，无论轮到违规者打牌，还是轮到他的搭档引牌时，违规者和他的搭档均可能受到限制。

1.（a）本项（b）规定的情况除外，重罚张必须在第一次合法机会打出，无论是引牌、跟牌、垫牌还是将吃。如果一位防家有两个或者更多罚张可以合法打出，庄家指定打出任何一个罚张。

（b）跟牌、履行引牌或者打牌限制的义务，都比打出重罚张更为优先。但是该罚张必须仍然牌张正面向上地放在桌面上，并且在下一次合法机会打出。

2. 当轮到一位防家引牌，同时他的搭档有一个重罚张，在庄家表明他从下列选项中所选定的选项之前，不得引牌（如果该防家过早引牌，依照第49条进行纠正）。庄家可以选择：

（a）要求[①]该防家引出该罚张的花色；或者禁止[②]该防家引出该罚张的花色，在他保持引牌权时该禁止一直有效（两个或者更多罚张的情况，参照第51条）。如果庄家实施了其中任何一个选项，该牌张不再是罚张并且收回手中。

（b）不要求或者不禁止某个引牌，该防家可以引出任何牌张，该罚张放置在桌上保持为罚张[③]。如果选定该选项，只要罚张保持在桌上，继续适用本款。

E. 来自罚张的信息

1. 只要一个罚张保持在桌上，则来自该罚张的信息

---

①如果该牌手不能按照庄家的要求引牌，参照第59条。

②如果持有罚张的防家的搭档保持引牌权，而且罚张仍然没有被打出，则再次适用第50条D款2的所有要求和选项。

③如果该牌手不能按照庄家的指定引牌，参照第59条。

和打出该罚张的要求对于所有牌手而言都是合法信息。

2. 来自一个收回手中的罚张［如本条D款2（a）所规定］的信息，对于该罚张持有者的搭档而言是非法信息，但是对于庄家而言是合法信息。

3. 一旦罚张打出，则来自造成该罚张的相关情况的信息，对于罚张持有者的搭档而言是非法信息（对于未打出的罚张，参照本条E1款）。

4. 继使用本款1之后，裁判在打牌结束时断定该副牌的结果如果没有暴露牌张的助力就很可能不同，并且导致了非违规方受到损害（参照第12条B款1），他应当判给调整分。该调整分应当寻求尽可能地恢复如果没有罚张影响该副牌可能的结果。

第51条　两个或者更多罚张

A. 违规者打牌

如果轮到一位防家打牌，而他有两个或者更多罚张可以合法打出，庄家指定该防家在该轮打出哪一个罚张。

B. 违规者搭档引牌

1.（a）当一位防家在同一种花色中有两个或者

更多罚张，并且庄家要求[①]该防家的搭档引出这些罚张的花色时，该花色的牌张不再是罚张，均收回手中；该防家可以对该墩牌进行任何合法打牌。

（b）当一位防家在同一种花色中有两个或者更多罚张，并且庄家禁止[②]该防家的搭档引出这些罚张的花色时，该防家把该花色所有罚张收回手中，并且可以对该墩牌进行任何合法打牌。该禁止一直有效，直到该防家的搭档失去引牌权为止。

2.（a）当一位防家在多种花色中的罚张［参照第50条D款2（a）］，并且轮到他的搭档引牌时，庄家可以要求[①]该防家的搭档引出任何一种有罚张的花色［但是适用本款1（a）］。

（b）当一位防家有多种花色的罚张，并且轮到他的搭档引牌时，庄家可以禁止该防家的搭档引出一种或者多种有罚张的花色；该防家可以把庄家所禁止引出的每种花色中的所有罚张收回手中，并且可以对该墩牌进行任何合法打牌。该禁止一直有效，直到该防家的搭档失去引牌权为止。

---

①如果持有罚张的防家的搭档保持引牌权，而且罚张仍然没有被打出，则再次适用第50条D款2的所有要求和选项。

②如果该牌手不能按照庄家的要求引牌，参照第59条。

（c）当一位防家有多种花色的罚张，并且轮到他的搭档引牌时，庄家可以选择不要求或者不禁止引牌；在这种情况下，该防家的搭档可以引出任何牌张，并且罚张仍然放置在桌上保持为罚张①。如果庄家选定该选项，则只要这些罚张仍然保持为罚张，第50条和第51条就继续适用。

第52条　未能引出或者打出罚张

A. 防家未能引出或者打出罚张

当防家未能依照第50条或者第51条的要求引出或者打出罚张时，他不得主动撤回所打出的任何其他牌张。

B. 防家打出另一个牌张

1.（a）当依照规则要求一位防家应该打出罚张时，如果该防家引出或者打出了另一个牌张，庄家可以接受这样的引牌或者打牌。

（b）当依照规则要求一位防家应该打出罚张时，但是该防家引出或者打出了另一个牌张，之后，

①当防家有罚张时，如果他的搭档保持引牌权，则第51条B款2规定的所有要求和选项在下一墩牌中再次适用。

庄家从自己手中或者从明手已经打出牌张，他必须接受这样的引牌或者打牌。

（c）如果打出的牌张已经依照上述（a）或者（b）的情况被接受，所有尚未打出的罚张仍然保持为罚张。

2. 如果庄家不接受该非法引出或者打出的牌张，该防家必须用该罚张替换非法引出或者打出的牌张。该防家在因为违例持有罚张期间非法引出或者打出的每个牌张，均成为重罚张。

第53条　被接受的越序引牌

A. 把越序引牌当作正常引牌

在第十三墩之前[①]，任何牌张正面向上的越序引牌都可以被当作正常引牌（但是参照第47条E款1）。如果庄家或者任何防家，通过作出有意接受的表示接受对方的越序引牌，或者下家对该违例引牌接续打牌（但是参照本条B款），该越序引牌成为正常引牌。如果没有这样的接受或者接续打牌，裁判将要求牌手在该轮从正确方位引牌（并且参照第47条B款）。

①在第十三墩上的越序引牌必须收回。

B. 紧接违例引牌之后作出的正确引牌

依照本条A款，如果该墩本应轮到越序引牌者的对手引牌，该对手可以对违规牌墩作出正确引牌，所引出的牌张不视为针对违例引牌而打出的牌张。这种情况下，正常的引牌成立，该墩牌中已经打出的所有错误牌张可以撤回，但是适用第16条C款。

C. 错误的防家对庄家违例引牌打出牌张

庄家从自己手中或者从明手越序引牌，该违例引牌的上家针对该违例引牌打出牌张（但是参照本条B款），该引牌成立，并且适用第57条。

第54条　牌张正面向上的越序首引

当一位防家作出了牌张正面向上的越序首引，而违规者的搭档作出了牌张正面向下的首引，裁判要求收回牌张正面向下的首引。

A. 庄家摊明牌张

在牌张正面向上的越序首引之后，庄家可以摊明牌张，他成为明手；如果庄家开始摊明牌张，并且有一个或者更多牌张暴露，他必须摊明手中的全部牌张。明手成为庄家。

B. 庄家接受牌张正面向上的越序首引

防家作出了牌张正面向上的越序首引之后，庄家可以依照第53条规定接受该违例引牌，并且明手依照第41条摊明牌张。

1. 该墩的第二个牌张从庄家手中打出。

2. 如果庄家从明手打出该墩的第二个牌张，该牌张不得收回，改正藏牌除外。

C. 庄家必须接受牌张正面向上的越序首引

如果庄家可能已经看到了明手的任何牌张（明手在竞叫中暴露而受到第24条限制的牌张除外），他必须接受该牌张正面向上的越序首引，并且理论上的庄家成为庄家。

D. 庄家拒绝牌张正面向上的越序首引

庄家可以要求防家收回他的牌张正面向上的越序首引。这个撤回的牌张成为重罚张并且适用第50条D款。

E. 由定约方作出的首引

如果定约方的牌手试图进行首引，适用第24条。

第55条　庄家的越序引牌

A. 被接受的庄家越序引牌

如果庄家从自己手中或者从明手越序引牌，则任何防家可以依照第53条的规定接受该引牌，或者要求庄家收回该引牌牌张（错误信息之后，参照第47条E款1）。当两位防家所作出的选择不同时，则该违例引牌的依序牌手所作出的选择优先。

B. 被要求收回的庄家越序引牌

1. 如果庄家在轮到防家引牌时从自己手中或者从明手引出牌张，并且防家依照本条A款要求他收回该引牌，则庄家把错误引出的牌张放回原处。不再进一步纠正。

2. 如果庄家在轮到自己或者明手引牌时从错误方位引出牌张，并且防家要求他收回该引牌，则庄家撤回错误引出的牌张。他必须从正确方位引牌。

C. 庄家可能获得信息

如果庄家采用一种可能基于通过他的违规所获得信息的打牌线路，第16条适用。

第56条　防家的越序引牌

当越序引牌翻明，庄家可以：

1. 依照第53条的规定接受该违例引牌，或者

2. 要求该防家收回他的牌张正面向上越序引牌。该撤回的牌张成为重罚张，并且适用第50条D款。

第57条　过早引牌或者打牌

A. 过早地打牌或者对下一墩引牌

当一位防家在搭档尚未对当前牌墩打牌之前就过早地对下一墩牌引牌，或者在轮到搭档打牌之前越序打牌，该过早引出或者打出的牌张成为重罚张，并且庄家可以从下列选项中选择一项：

1. 要求违规者的搭档打出手中该轮引牌花色的最大牌张；

2. 要求违规者的搭档打出手中该轮引牌花色的最小牌张；

3. 要求违规者的搭档打出庄家指定的另一种花色的牌张；

4. 禁止违规者的搭档打出庄家指定的另一种花色的牌张。

B. 违规者的搭档不能履行纠正

违规者的搭档不能履行庄家所选定的纠正时（参照本条A款），依照第59条的规定，他可以打出任何牌张。

C. 庄家或者明手已经打牌

1. 如果庄家从两手均打出牌张，则防家在搭档打牌之前的过早打牌不予纠止。然而，在庄家对该打牌作出指令（或者以别的方式指示[①]）之前，不认定从明手已经打出牌张。

2. 如果明手在上家打牌之前自己犯规过早地选择了一个牌张，或者对打出的牌张提出过非法建议，则防家在搭档打牌之前的过早打牌不予纠正。

3. 庄家从任何一手过早打牌（不是引牌），所打牌张都是打出的牌张，并且如果合法，不得撤回。

D. 在轮到上家打牌时的过早打牌

如果防家在轮到上家打牌时试图对某一牌墩作出打牌（不是引牌），可能适用第16条。如果该牌张能

①用手势或者点头表示。

够在该墩合法打出，则在轮到他打牌时必须打出；否则，该牌张成为重罚张。

第58条　同时引牌或者打牌

A. 两位牌手同时打牌

与合法引牌或者打牌的牌手同时引牌或者打牌，视为接续打牌。

B. 从一手中同时引出或者打出多个牌张

如果一位牌手同时引出或者打出两个或者更多牌张：

1. 如果只有一个可见牌张，该牌张已经打出，所有其他牌张均收回手中，不再进一步纠正（参照第47条F款）。

2. 如果有两个以上可见牌张，该违规牌手指定他所要打出的牌张；如果该牌手是防家，已经暴露的每一个其他牌张均成为罚张（参照第50条）。

3. 在违规牌手把可见牌张撤回之后，对手针对该墩接续打出的牌张可以撤回，并且替换成其他牌张，没有进一步纠正（但是参照第16条C款）。

4. 如果该同时打牌在双方均已经对下一墩打出牌张之后才被发现，适用第67条。

第59条　不能按照要求引牌或者打牌

牌手因为手中没有被要求的花色，或者手中只有被禁止引出的花色，或者由于履行跟牌义务，而不能按照纠正的要求引牌或者打牌时，可以打出任何其他合法牌张。

第60条　非法打牌之后的打牌

A. 违例之后的打牌

1. 非违规方的一位牌手在上家越序或者过早引牌或者打牌之后，在评定纠正之前，已经打出牌张，则丧失对该犯规行为的纠正权。

2. 纠正权一经丧失，该非法的打牌被当作依序打牌（适用第53条B款时除外）。

3. 如果违规方之前尚有打出罚张的义务，或者履行引牌或者打牌限制的义务，该义务保留到以后再履行。

B. 庄家更正越序引牌之前防家打牌

如果防家在庄家从错误方位的越序引牌被要求收回之后，但是尚未从正确方位引出之前，打出一个牌张，该牌张成为重罚张（第50条）。

C. 在评定纠正之前违规方已经打牌

在尚未评定纠正之前，违规方的一位牌手打出牌张，该行为不影响对方的权利，并且该打牌本身可能被纠正。

第61条　未能跟牌——有关藏牌的查询

A. 藏牌的定义

未能依照第44条的规定跟牌，或者本来能够却未能依照规则要求或者按照对手选定的纠正违例的要求引出或者打出某个牌张或者某种花色，均构成藏牌（不能履行时，参照第59条）。

B. 可能藏牌的查询权

1. 庄家可以询问未能跟牌的防家是否持有引牌花色的牌张。

2.（a）明手可以询问庄家［但是参照第43条B款2（b）］。

（b）明手不得询问防家，并且可能适用第16条B款。

3. 防家可以询问庄家，并且可以（冒着产生非法信息的风险）询问他的搭档。

C. 查看牌墩的权利

对于藏牌的宣称不自动拥有查看已经翻扣牌墩的正当理由（参照第66条C款）。

第62条　藏牌的改正

A. 藏牌必须改正

在藏牌成立之前，如果被指出藏牌违例，则牌手必须改正。

B. 改正藏牌

违规者撤回打出的牌张并且替换为一个合法牌张以改正藏牌。

1. 如果撤回的牌张从防家未翻明的手中牌打出，它成为重罚张（第50条）。

2. 如果撤回的牌张是从庄家或者明手［受到第43条B款2（b）的限制］打出的牌张，或者是防家正面向上的牌张，它可以被更换，没有进一步纠正。

C. 紧接藏牌打出的牌张

1. 非违规方任何牌手在藏牌之后到被指出违例之前所有可能已经打出的牌张，均可以撤回并且放回手中（参照第16条C款）。

2. 在非违规方撤回紧接藏牌打出的牌张之后，违规方的牌手可以撤回接续打出的牌张；如果他是防家，该撤回的牌张成为罚张（参照第16条C款）。

3. 如果双方在同一墩上都发生藏牌，而只有一方已经针对下一墩作出了打牌，则双方的藏牌都必须改正（参照第16条C款2）。防守方撤回的每一个牌张均成为罚张。

D. 在第十二墩的藏牌

1. 在第十二墩上，藏牌即使已经成立，如果在所有四手牌收回牌套之前被发现，必须被改正。

2. 在第十二墩上，如果防家在轮到搭档对该墩打牌之前藏牌，适用第16条C款。

第63条　藏牌的成立

A. 藏牌成立

在下列情况下藏牌成立：

1. 当违规者或者他的搭档对下一墩引牌或者打牌（无论该引牌和打牌是否合法）时；

2. 当违规者或者他的搭档说出了下一墩要引出或者打出牌张的具体名称，或者以其他方式指定了下一墩要引出或者打出牌张时；

3. 当违规方的一位牌手以口头形式或者以摊明牌张的方式，或者以任何其他方式，对牌墩作出了声称或者承认时；

4. 当违规方对于对手的声称或者承认的认同成立（依照第69条A款的规定），即在该轮结束之前或者对下一副牌作出叫牌之前，违规方没有提出任何异议时。

B. 藏牌成立不得改正

藏牌一经成立，不得改正（第62条D款或者第62条C款3规定的情况除外），并且在发生藏牌时所构成的牌墩成为完整牌墩。

第64条　藏牌成立之后的程序

A. 自动牌墩调整

在藏牌成立之后：

1. 违规者[1] 赢得发生藏牌的这一牌墩，在打牌结束时，把藏牌的这一牌墩以及违规方在发生藏牌以后赢得的任何牌墩中的一墩一起转交给非违规方。

2. 违规者[1] 没有赢得发生藏牌的这一牌墩，如果违规方赢得藏牌的这一牌墩或者发生藏牌以后的任何牌墩，打牌结束之后，把一墩牌转交给非违规方。

B. 没有自动牌墩调整

继下列成立的藏牌之后，没有自动牌墩调整（但是参照本条C款），如果：

1. 违规方既没有赢得藏牌的这一牌墩，也没有赢得发生藏牌以后的任何牌墩；

2. 藏牌成立之后，随后同一位牌手在同一种花色又发生的藏牌；

3. 藏牌是由于未能打出的罚张或者属于明手的任何牌张所造成的；

4. 在非违规方的一位牌手针对下一副牌作出了叫牌之后，藏牌违例才被指出；

5. 在该轮结束之后，藏牌违例才被指出；

6. 在第十二墩上的藏牌；

①对于本条，明手赢得的牌墩不是庄家赢得的牌墩。

7. 双方在同一副牌均有藏牌并且两个藏牌都已经成立；

8. 藏牌已经依照第62条C款3进行了改正。

C. 对于损害的补偿

1. 在任何藏牌（包括不受限于牌墩调整的藏牌）成立之后，如果裁判判定依照本条作出的纠正不足以补偿该藏牌给非违规方造成的损害时，应当判给调整分。

2.（a）同一位牌手在同一种花色中重复藏牌（参照本条B款2）之后，如果随后的一个或者更多的藏牌没有发生非违规方就可能得到更多牌墩，则裁判判给调整分。

（b）当双方在同一副牌均有藏牌时（参照本条B款7），并且裁判认定一个参赛者受到损害，则应当基于如果没有发生藏牌的可能结果判给调整分。

第65条　牌墩的整理

A. 完整的牌墩

一个牌墩的四个牌张全部打出之后，每位牌手把自己打出的牌张翻扣在靠近他的桌面上。

B. 记录牌墩输赢的方式

1. 己方的赢墩，牌张竖放，指向搭档。

2. 对方的赢墩，牌张横放，指向对方。

3. 牌手可以指出某个牌张指向不正确，但是己方针对下一墩引牌或者打牌之时，该权利终止。如果牌手在该时限之后指出某个牌张指向不正确，可能适用第16条B款。

C. 牌张按序排列

牌手把自己打出的牌张按照打牌先后次序互相搭接排列成行，以便复查打牌过程；如果必要可以用来确定各方所赢牌墩的数目以及牌张打出的次序。

D. 打牌结果的认同

在输赢牌墩的数目没有经过双方认同之前，牌手不应打乱自己已经打出牌张的次序。当对牌墩归属产生疑问或者宣称（或者否认）藏牌时，未能遵守本条规定的牌手可能损害自己的权利。

第66条　牌墩的查看

A. 当前牌墩

只有己方尚未针对下一墩引出或者打出牌张，在自己打出的牌张尚未翻扣之前，庄家或者任何防家可以要求把该牌墩上刚打出的所有牌张翻明。

B. 自己刚打出的最后一个牌张

在己方尚未针对下一墩引出或者打出牌张之前，庄家或者任何防家可以查看（但是不得暴露）自己刚打出的最后一个牌张。

C. 已经翻扣的牌墩

此后，直到打牌结束之前，已经翻扣的牌墩不得查看（遵照裁判特定指令的除外，例如，如果需要核实对于藏牌的宣称）。

D. 打牌结束之后

打牌结束之后，为了处理对于藏牌的宣称，或者核实输赢牌墩数目，已经打出或者未打出的牌张可以被查看；但是任何牌手均不应触摸其他牌手的牌张。

如果对于藏牌的宣称作出之后，裁判已经没有可能确定事实真相，并且只有一方牌手打乱了自己牌张的次序，则裁判应当作出有利于另一方的裁定。

第67条　有缺陷的牌墩

A. 在双方均对下一墩打出牌张之前

当牌手在一墩牌中未能打牌或者多打出牌张时，如果在双方牌手下一墩均打出牌张之前指出违例，该错误必须纠正。

1. 为了纠正一墩牌中的漏打，违规者补打一个合法牌张。

2. 为了纠正一墩牌中多打出的牌张，应当适用第45条E款（一墩牌中打出的第五个牌张）或者第58条B款（从一手中同时打出多个牌张）。

B. 在双方均对下一墩打出牌张之后

当裁判确定（根据牌手所持牌张过少或者过多，并且已经打出的牌张数目出现相应的错误）存在有缺陷的牌墩时，如果双方均已经对下一墩打出牌张，他依照如下规定处理：

1. 当违规者在有缺陷牌墩中漏打一个牌张时，裁判应当要求他立即亮出一个牌张，把它正面向上地放置在自己面前，然后放在他已经打出牌张的相应位置（这个牌张不影响该墩的输赢）。

（a）违规者如果持有该有缺陷牌墩引牌花色的牌张，则必须选择一个该花色的牌张放入已打出的牌张中。违规者被视为在该有缺陷牌墩上已经藏牌，依照第64条A款2中转让一墩牌的规定调整。

（b）违规者如果没有该有缺陷牌墩引牌花色的牌张，则选择任何一个牌张放入已经打出的牌张中。违规者被视为在该有缺陷牌墩中已经藏牌，依照第64条A款2中转让一墩牌的规定调整。

2.（a）当违规者在有缺陷牌墩中打出了两个或者两个以上牌张时，裁判检查打出的牌张，并且要求违规者收回所有多余的牌张[①]，把他对有缺陷牌墩打牌中所翻明的那个牌张留作已经打出的牌张（如果裁判不能确定是哪一个牌张翻明时，则违规者把手中在该墩中可以合法打出的最大的牌张留作已经打出的牌张），有缺陷牌墩的输赢不变。

（b）收回的牌张被视为始终保持在违规者手中；并且，在较早的牌墩中未能跟牌，可能构成藏牌。

3. 当裁判确定违规者确实在有缺陷牌墩中打出

①裁判应该尽可能避免暴露防家已经打出的牌张，但是如果防家收回的多余的牌张已经暴露，则成为罚张（参照第50条）。

过一个牌张，但是该牌张没有被放置在翻扣的牌墩中时，则找出该牌张并且把它正确地放置在违规者打出的牌张中。如果同一个牌张在后续的牌墩打出了，并且超过时限以致不能改正这个非法打牌，裁判应当判给调整分。

第68条　对牌墩的声称或者承认

依照本规则，一个构成声称或者承认的声明或者行动，必须是涉及当前进行的牌墩以后的其他所有牌墩。如果声明或者行动仅针对当前进行的未完成的这个牌墩的输赢，打牌正常进行；防家因此而暴露或者显露的牌张不成为罚张，但是可能适用第16条和第57条A款。

A. 声称的定义

任何由庄家或者一位防家所作出的关于一方将要赢得特定数目牌墩的声明，即是对这些牌墩的声称。牌手建议缩短打牌过程或者显示出他手中的牌张，也属于声称（他显然不是打算声称除外，例如，庄家在越序首引后把他的牌张正面向上地摊明，适用第54条而不适用本条）。

B. 承认的定义

1. 任何由庄家或者一位防家所作出的关于一方将要输掉特定数目牌墩的声明，即是对这些牌墩的承认。对某些牌墩的声称，如果还有其他一些剩余牌墩，即是对剩余牌墩的承认。牌手放弃他的一手牌，即是对所有剩余牌墩的承认。

2. 无论采用本款1定义的哪种方式，如果一位防家试图承认一个或者更多牌墩，而搭档立即反对，则承认或者声称都不能成立。非法信息可能存在，应该立即召请裁判。打牌继续进行。在这种情况下，防家暴露的任何牌张都不是罚张，但是暴露牌张产生的非法信息适用第16条C款，并且暴露牌张防家的搭档不得利用该信息。

C. 要求说明

声称者作出声称时应该立即清楚地说明为赢得所声称的牌墩而采取的做庄或者防守打牌的线路，包括打牌次序。作出声称或者承认的牌手要摊明手中的牌。

D. 打牌暂停

任何声称或者承认之后，打牌暂停。

1. 如果声称或者承认得到认同，适用第69条。

2. 任何牌手（包括明手）如果有异议，则：

（a）可以立即召请裁判，并且在他到达之前不应采取行动，适用第70条；或者

（b）应非声称方或者非承认方的要求可以依照以下规定继续打牌：

（1）四位牌手必须都同意继续打牌，否则召请裁判，然后由裁判依照本款（a）进行处理。

（2）前一个声称或者承认无效并且不受制于裁决。第16条和第50条不适用，并且随后得出的分数应当成立。

第69条　认同的声称或者承认

A. 认同成立

一方认同对手的声称或者承认，并且在该方对下一副牌的叫牌作出之前或者该轮结束之前（这两种情况以先发生的为准）没有提出异议，则对声称或者承认的认同成立。该副牌按照声称或者承认的墩数目计算打牌的输赢墩数进行记分。

B. 撤销已经成立的认同

在第79条C款规定的更正阶段之内，对声称或者

承认的认同（参照A款）可以撤消：

1. 如果牌手原来认同的己方输墩，实际上已经为己方赢得；或者

2. 如果打牌继续进行，己方很可能会赢得原来已经认同的输墩。

该副牌按照撤消认同之后所裁定的墩数目作为打牌的输赢墩数重新记分。

第70条　有争议的声称或者承认

A. 总体目标

在对有争议的声称或者承认的裁定中，裁判对该副牌的裁决结果尽可能对双方公平，但是对于有任何疑点的声称应该以对声称者不利的方式解决。裁判依照下列条款处理。

B. 复述说明

1. 裁判要求声称者复述声称时所作出的说明。

2. 之后，裁判听取声称者的对方对该声称的异议（但是裁判考虑的因素并不仅限于声称者对方的异议）。

3. 裁判可以要求牌手把他们手中的剩余牌张摊明在桌面上。

C. 有未解决的将牌

当声称者的对手手中还持有将牌时，裁判应当根据下列情况判给声称者的对方一个或者数个牌墩：

1. 如果声称者没有对该将牌作出说明；并且

2. 在声称时，声称者对于对方手中剩余的将牌完全有可能没有察觉；并且

3. 在任何正常[①] 打法之下，可能会输掉牌墩给该将牌。

D. 裁判考虑的因素

1. 如果有一个可能成功机会较少的正常打牌线路可供选择，裁判不应接受来自声称者任何没有包含在原来澄清说明中的成功打牌线路。

2. 如果一位防家基于搭档从各种正常[①]打法中挑选的某种特殊的打法作出声称，则裁判不接受这样声称的任何部分。

E. 没有说明的打牌路线

1. 裁判不应接受声称者的任何没有明确说明的取

①对于第70条和第71条，“正常”包括该级别牌手粗心的或者较差的打法。

决于找到对手持有特定牌张的成功打法，除非在声称之前该对手在该花色未能跟牌，或者之后采用任何正常打法他都将在该花色不能跟牌。

2. 主管单位可以明确一个打牌次序（例如，“从大到小”），如果一个花色的打法在声称的陈述中没有被说明，裁判应当判定该花色即按照这个次序打出（但是受本条任何其他规定的限制）。

第71条 承认的取消

承认一经作出，必须成立。在第79条C款规定的更正阶段之内裁判应当把有下列情况的承认予以取消：

A. 如果牌手承认己方的输墩，事实上已经为己方所赢得；或者

B. 如果牌手承认己方的输墩，在剩余的牌张中，采用任何正常的打法[①]，均不可能输掉。

该副牌按照取消承认所裁定的牌墩数目作为打牌的输赢墩数重新记分。

①对于第70条和第71条，“正常”包括该级别牌手粗心的或者较差的打法。

第七章　礼节

第72条　一般原则

A. 遵守规则

复式桥牌比赛应该严格依照本规则的要求进行。参加比赛的主要目的是参赛者在遵守规则阐述的合法程序和道德标准的前提下获得比其他参赛者更高的分数。

B. 违反规则

1. 牌手不准故意违反规则，即使他愿意接受规则规定的纠正。

2. 通常情况下，牌手没有义务指出己方的违规（但是参照第20条F款关于错误解释、第62条A款和第79条A款2）。

3. 牌手不得试图隐瞒违规，比如通过第二次藏牌、隐藏与藏牌有关的牌张或者过早地打乱牌张次序等。

C. 意识到可能造成损害

裁判确定违例者在违例发生时有可能已经意识到该违例足以损害到非违例方，他应当要求竞叫和打牌继续进行（如果竞叫或者打牌没有完成）。在打牌完成时，如果裁判认定违例方通过该违例获利，则判给调整分。

第73条 信息交流、节奏和以假乱真

A. 搭档间正当的信息交流

1. 在竞叫和打牌期间，搭档间的信息交流只应当通过叫牌和打牌来实现，本规则特别授权的方式除外。

2. 牌手在叫牌和打牌时，不应有不适当的强调、举止或者音调，不应有不适当的迟疑或者急促。但是主管单位可以要求在第一轮叫牌时、跳叫提醒之后或者第一墩打牌时牌手作出强制性停顿。

B. 搭档间不正当的信息交流

1. 搭档间不应通过诸如以叫牌或者打牌的举止、多余的话语或者手势、是否提问、是否提醒和解释等方式交流信息。

2. 对于一对搭档而言最严重的犯规是通过预先所约定的本规则不准许的交流方式交换信息。

C. 牌手接收到来自搭档的非法信息

1. 当牌手接收到来自搭档的非法信息时，比如搭档的话语、提问、解释、手势、举止、不适当的强调、变音调、急促或者迟疑、作出不必要的提醒或者不进行提醒等，他必须小心谨慎地避免利用该非法信息获利［参照第16条B款1（a）］。

2. 违反本款1的牌手可能被评定受到判罚，但是如果对方受到了损害，还要参照第16条B款3。

D. 节奏或者举止发生变化

1. 尽管不总是要求，牌手在比赛中保持稳定的节奏和举止是可取的。然而，当节奏和举止的变化可能对己方有利时，牌手应该特别注意。另外，在叫牌或者打牌中无意识地变化节奏或者举止，它本身不是一个违规。只有对方有权根据该变化进行推断，并且可以自行承担风险地基于该信息采取行动。

2. 牌手不得通过以下方式试图误导对手：提问、话语或者手势，叫牌或者打牌中的急促或者迟疑（比如在打出一个单张之前迟疑），叫牌或者打牌时的举止或者故意偏离正确程序等（并且参照本条E款2）。

E. 以假乱真

1. 牌手可以正当地试图通过叫牌或者打牌蒙蔽对方（只要该以假乱真行为没有用不寻常的急促或者迟疑进行强调，也没有隐含在搭档间的协议或者经验的保护之下）。

2. 如果裁判确定，无过失的牌手从对手的提问、话语、举止、节奏或者类似的行为（该对手采取的行为没有可以合理解释的桥牌理由，并且在采取该行为时可能已经意识到可以让己方获利）中得出错误的推断，应当判给调整分。

第74条　行为和礼节

A. 正确的态度

1. 牌手在任何时候都应该保持彬彬有礼的态度。

2. 如果言论和额外的行为可能引起其他牌手厌烦、困窘或者影响享受比赛愉快气氛，牌手应该谨慎地予以避免。

3. 每位牌手在叫牌和打牌中都应该遵循一致和正确的程序。

B. 礼节

作为礼貌，牌手应该戒除下列行为：

1. 对比赛不给予足够的重视。

2. 在竞叫和打牌期间作出不必要的评论。

3. 在轮到他出牌之前从手中抽出牌张。

4. 为了困惑对方不必要地拖延打牌时间（例如，明知剩余牌墩都肯定能全部赢得，仍然故意继续打牌）。

5. 以无礼的态度召请和对待裁判，或者对待其他参赛者。

C. 违反程序

下列行为是违反程序的例子：

1. 对于同一个叫牌使用不同的含义设计。

2. 对叫牌或者打牌表示赞同或者反对。

3. 在一墩牌还没有打完之前，表示出赢得或者输掉该墩的预期或者意图。

4. 在竞叫或者打牌期间作出某种评述或者行为，目的是让搭档注意有重要情况发生或者提醒搭档完成（击败）定约还需要获得的牌墩数目。

5. 在竞叫或者打牌期间，故意地注视任何其他牌手，或者有意地盯着其他牌手的牌以达到看见他的牌张或者观察他抽出牌张的位置的目的（但是无意识地看到对方的牌张[①]而获得信息，并且基于此所采取行动是适当的）。

6. 表示出对一副牌明显没有更多的兴趣（比如把牌张收拢成一叠）。

7. 为了困惑对方牌手，改变叫牌或者打牌的正常节奏。

8. 在一轮结束之前毫无必要地离开自己的牌桌。

第75条　错误解释或者错误叫牌

牌手在给对方作出误导性解释之后，他（和裁判）的责任如下：

A. 错误导致的非法信息

牌手听到了搭档的解释（无论是否为搭档间约定的正确表述），得知自己的叫牌被误解。该信息是非法信息（参照第16条A款），并且该牌手必须谨慎地避免从该非法信息中获利（参照第73条C款）；否则裁判应当判给调整分。

①当牌手可能故意显示自己的牌张时，参照第73条D款2。

B. 错误解释

1. 如果搭档间的约定与所给出的解释不同，该解释违规。如果该违规行为导致非违规方受到损害，裁判应当判给调整分。

2. 如果牌手察觉到自己的错误，他必须在首引翻明之前（或者在打牌过程中，如果稍后才发现）召请裁判，然后提供正确的解释。也允许牌手在竞叫结束之前召请裁判，但是他没有义务这样做（参照第20条F款4）。

3. 竞叫继续时，违规牌手的搭档不准采取任何改正错误解释的行动；而且如果他随后成为防家，必须只能在打牌结束之后召请裁判，并且改正解释。如果违规者的搭档成为庄家或者明手，他必须（在最后一个不叫之后）召请裁判，然后提供正确的解释。

C. 错误叫牌

如果搭档间的约定得到了正确的解释，错误的是作出的叫牌而不是解释，没有违规。不准立即改正解释（也不准通知裁判），并且随后也没有义务这样做。无论是否存在损害，结果成立［但是参照第21条B款1（b）］。

D. 裁判的确定

1. 牌手需要准确地公开他们搭档间的约定（参照第20条F款）；未能这样做即构成错误信息。

2. 两位牌手拥有一致的相互理解是任何搭档间约定的条件，而在不存在一致的相互理解的情况下描述一个约定违规。如果裁判确定该误导性的解释不是基于搭档间的约定所作出，适用第21条B款。

3. 当存在违规（如本条B款或者D款2所规定的情况）时，并且对于该叫牌的约定含义存在充足证据，则裁判根据如果对方及时接收到正确解释情况下的可能结果判给调整分。如果裁判确定该叫牌没有约定含义，则根据如果对方被如此告知情况下的可能结果判给调整分。

第76条　观众

A. 管理

1. 比赛场地[①]之内的观众要服从裁判的管理，遵守比赛的规定。

2. 主管单位和比赛主办单位可以制定观众在比赛

①比赛场地是指在一节比赛期间可以让牌手在它的范围之内参与比赛活动的场所，包括它所有的组成部分。相关规定可以对它作出进一步定义。

中使用电子传输设备时应该遵守的规定，确保传输信息的安全。观众不准在一节比赛过程中与正在比赛的牌手进行交流。

B. 在牌桌旁

1. 一位观众不得观看两位或者两位以上牌手的牌，规定允许的除外。

2. 当一副牌在进行之中，观众不准对叫牌或者打牌表露出任何反应。

3. 在一轮比赛过程中，观众必须避免作出任何形式的举止或者言论，不准与牌手进行交谈。

4. 观众不准干扰牌手。

5. 观众不应对该桌的任何情况指出违例。

C. 参与

1. 在比赛场地之内，只有在裁判要求时，观众可以就事实或者规则的问题作出陈述。

2. 主管单位和比赛主办单位可以具体规定如何处理由观众引发的违例。

D. 身份

比赛场地之内除牌手、比赛的官员和工作人员之外的所有人员都是观众身份，裁判另有指定的除外。

第八章 记分

第77条 复式桥牌记分表

A. 墩分

如果定约完成，定约方所获得“墩分”。
叫到并且做成的每一个额外墩的墩分：
1. 有将定约：

	未加倍	加倍	再加倍
将牌为♣或者◆	20	40	80
将牌为♥或者♠	30	60	120

2. 无将定约：

	未加倍	加倍	再加倍
第一个额外墩	40	80	160
以后每一个额外墩	30	60	120

3. 一副牌墩分为100分或者以上的定约为成局定约；墩分低于100分的定约为部分定约。

B. 奖分

完成定约时，定约方所获得“奖分”。

1. 满贯奖分：

完成满贯	无局方	有局方
叫到并且做成小满贯（十二墩）	500	750
叫到并且做成大满贯（十三墩）	1000	1500

2. 超墩奖分：

每一超墩（超过定约所需赢墩）	无局方	有局方
未加倍	同墩分	同墩分
加倍	100	200
再加倍	200	400

3. 完成成局定约、部分定约奖分：

有局方完成成局定约	500
无局方完成成局定约	300
完成任何部分定约	50
完成加倍但是未再加倍定约	50
完成再加倍定约	100

C. 宕墩罚分

庄家没有完成定约，对方得分。宕墩为庄家没有完成定约时比定约所需缺少的墩数。

	无局方			有局方		
	未加倍	加倍	再加倍	未加倍	加倍	再加倍
第一个宕墩	50	100	200	100	200	400
以后每一个宕墩	50	200	400	100	300	600
第四及以后每一个宕墩增加罚分	0	100	200	0	0	0

如果四位牌手都作出不叫（参照第22条），每方各得0分。

第78条　记分办法和比赛规程

A. 比赛分（MP）记分法

采用比赛分记分时，参赛者的分数是在打过的同一副牌上把自己的分数与其他参赛者的分数进行比较，对每个比自己差的分数得2 MP，对每个与自己相同的分数得1 MP，对每个比自己好的分数得0 MP（也可以减半按1、0.5、0 MP计分）。

B. 国际比赛分（IMP）记分法

采用国际比赛分（IMP）记分时，把每副牌的两个分数之差，对应下表换算成IMP。

分差	IMP	分差	IMP
0 ~ 10			0
20 ~ 40	1	750 ~ 890	13
50 ~ 80	2	900 ~ 1090	14
90 ~ 120	3	1100 ~ 1290	15
130 ~ 160	4	1300 ~ 1490	16
170 ~ 210	5	1500 ~ 1740	17
220 ~ 260	6	1750 ~ 1990	18
270 ~ 310	7	2000 ~ 2240	19
320 ~ 360	8	2250 ~ 2490	20
370 ~ 420	9	2500 ~ 2990	21
430 ~ 490	10	3000 ~ 3490	22
500 ~ 590	11	3500 ~ 3990	23
600 ~ 740	12	4000及以上	24

C. 总分（TP）记分法

总分记分法采用参赛者所打每副牌的分数之和记分。

D. 比赛规程

如果主管单位授权，比赛规程可以规定采用其他记分法（比如换算成胜利分）。主办单位应该在赛前公布比赛规程，具体规定报名办法、记分方法、录取名次方法以及同分名次的确定方法等。规程不准与规则或者规定相抵触，并且应当包含主管单位指定的任何信息。以上信息应该告知参赛者。

第79条　赢墩

A. 对于赢墩的认同

1. 在所有四手牌都放回牌套之前，赢墩数目应当经双方认同。

2. 牌手既不准故意接受己方所没有赢得的牌墩的分数，也不准故意接受对手对于不可能输掉的牌墩承认。

B. 对于赢墩的异议

如果对赢墩有异议，裁判必须被召请，则：

1. 裁判确定是否发生了声称或者承认，如果已经发生了声称或者承认，适用第69条B款或者第71条。

2. 如果不适用本款1，裁判裁定将要记录的分数。

3. 如果在本轮结束之前没有召请裁判，只有当裁判对桌上所得结果确信无疑时，才可以更改双方的分数。否则，他应该允许已经记分的结果成立，或者一方减少分数并且同时另一方不增加分数。

C. 记分中的错误

1. 对于双方已经认同的分数，如果在记录或者计算机录入中发生错误，无论该错误是由牌手还是由工作人员造成的，均可以在主办单位规定的有效时限之内更正。更正阶段的有效时限一般是在正式成绩公布后30分钟之内，主办单位规定一个更长的[①]时间除外。

2. 对于超过更正阶段的有效时限之后的情况，经赛事组织方批准，如果裁判对记分错误确信无疑，记分可以更正。

①比赛有特殊需要时，可以规定更短的更正有效时限。

第九章　赛事组织

第80条　管理和组织

A. 主管单位

1. 在本规则中，

（a）世界桥牌联合会是其所主办的世界性桥牌锦标赛和比赛的主管单位。

（b）各个区域桥牌组织是各自区域内其所主办桥牌比赛的主管单位。

（c）任何其他比赛或者各个国家或地区桥牌组织是各国、地区区域内其所主办桥牌比赛的主管单位。

2. 主管单位拥有本规则赋予的职责和权力。

3. 主管单位可以授权其他单位行使主管单位的权力（对于执行情况负有最终责任）或者可以把主管单位的权力转交给其他单位（对于执行情况不再负有责任）。

B. 主办单位

1. 主管单位可以指定某个实体为主办单位，该实体按照主管单位和本规则的要求，负责为比赛作出安排和准备工作。主管单位可以授权主办单位行使主管单位的权力和义务，但是行为责任仍然由主管单位承担。主管单位和主办单位可以是同一个实体。

2. 主办单位的权力和职责包括：

（a）指派裁判。如果没有指派裁判，应该由牌手指定一人以行使裁判的职权。

（b）事前为比赛作出安排，包括：比赛场地、设备以及所有其他后勤工作。

（c）确定比赛的日期和每节比赛时间。

（d）制定报名办法。

（e）依照本规则制定叫牌和打牌规定，包括特别的规定（例如使用屏幕时，可以规定针对某些没有传过屏幕的行为的纠正条款可以变化）。

（f）公布与本规则不相冲突的补充规定。

（g）（1）安排[①]任命裁判所需的助手。

①要求主办单位安排的部分或者全部任务，通常交由裁判来完成。

（2）任命其他工作人员，明确他们的义务和责任。

（h）安排接受报名并且做记录。

（i）制定适当的比赛规程并且向参赛者公布。

（j）安排收集比赛分数，列出比赛结果并且正式公布。

（k）依照第93条，为申诉事宜作出适当的安排。

（l）本规则赋予的其他权力和职责。

第十章　裁判

第81条　裁判

A. 官方身份

裁判为比赛主办单位的正式代表。

B. 责任和限制

1. 裁判负责比赛现场技术管理，有权对主办单位的疏漏作出修正。

2. 裁判执行本规则和主管单位公布的补充规定，并且受它们的限制。

C. 裁判的职责和权力

裁判（非牌手）负责对违例作出纠正，对损害作出补偿。裁判的职责和权力通常还包括：

1. 维护纪律，确保比赛有秩序地进行。

2. 执行和解释本规则，并且告诉牌手依照规则所享有的权利和应担负的责任。

3. 在第79条C款和第92条B款所规定的阶段之内，裁判要对他以任何方式察觉的错误或者违例加以纠正。

4. 在适用第90条和第91条并且行使它们赋予的权力时评定纠正。

5. 裁判应非违例方的请求，在斟酌决定权之下同意非违例方放弃纠正。

6. 调解争议。

7. 把所有事项向相应的委员会报告。

8. 应主办单位的要求报告比赛结果，处理主办单位委托的任何其他事务。

D. 职责的授权

裁判可以将自己的任何职责授权助手代为执行，但是他对这些职责的正确执行所负的责任，并不因为已经授权而免除。

第82条　比赛程序错误的纠正

A. 裁判的职责

裁判的责任是纠正比赛程序中的错误，并且维持比赛在不违反本规则的情况下依照程序进行。

B. 纠正错误

为纠正程序错误，裁判可以：

1. 当本规则允许时判给调整分。
2. 要求、延迟或者取消打某一副牌。
3. 行使本规则所赋予的任何其他权力。

C. 裁判的错误

如果裁判作出了裁定，而他随后确定该裁定有误，并且该副牌已经不能纠正成正常结果时，他应当把双方均视为非违例方以判给调整分。

第83条　申诉权的告知

如果裁判认为他对某一事实所作出的裁决，或者对斟酌决定权的运用可能会需要复核时，他应当告知参赛者有申诉的权利，或者可以向相应的委员会汇报。

第84条　对已经认同事实的裁定

裁判被召请对有关规则或者规定的问题作出裁定时，如果比赛双方对发生的事实已经认同，则作出下列裁定：

A. 不予纠正

如果没有规则条款规定需要作出纠正，并且没有使用斟酌决定权的必要，则指令牌手继续叫牌和打牌。

B. 依照规则纠正

如果规则中对某一违例事实有明确规定的纠正条款，则确定纠正并且确保执行。

C. 牌手对纠正可以作出选择

如果依照规则纠正有多个选项可供牌手选择时，裁判逐项作出解释，还要监督牌手对纠正作出选择并且执行。

D. 裁判对纠正需要作出选择

裁判对任何存在疑点之处作出有利于非违例方的裁定，力求恢复公平。如果本规则中对某一违例没有规定纠正条款，而裁判断定该违例可能已经给非违例方造成了损害，则判给调整分（参照第12条）。

第85条　对有争议事实的裁定

裁判被召请对有关规则或者规定的问题进行裁定

时，如果比赛双方对发生的事实有争议，他依照下列程序处理：

A. 裁判的评定

1. 裁判应该根据对于可能性的权衡（即所能收集到的证据的权重）确定事实。

2. 如果裁判确信已经查明事实，之后，依照第84条进行裁定。

B. 事实不能确定

如果裁判不能确定事实，他先作出一个裁定，让比赛继续进行。

第86条　团体赛

A. 替换牌

如果参赛者可能知道不含某副牌的当场比赛最后结果时，裁判不应使用第6条赋予他的要求重发一副牌的权力。对于这种情况裁判判给调整分。

B. 其他桌得到打牌结果

1. 得到单一结果

在团体赛中，裁判判给调整分时，对于相同的参赛者在另一桌所得到的该副牌的打牌结果明显对某一方有利的情况，应当判给裁定调整分［参照第12条C款1（c）］，但是对于多个调整分参照本款2项。

2. 在一桌或者多桌得到多个结果[①]

在团体赛中，相同的参赛者之间得到了两个或者两个以上不具可比性的结果，或者本规则另有规定要求裁判判给两个以上调整分时：

（a）如果参赛者都没有过错，裁判应当取消这（些）副牌，并且判给一个或者多个人为调整分（参照第12条C款），或者如果时间允许则打一副或者多副替换牌（但是参照本条A）。

（b）如果只有一个参赛者有过错，裁判应当就每一副有问题的牌，从平均正分的人为调整分［参照第12条C款2（b）］和裁定调整分之中挑选一个更为有利的结果判给非违规方；违规方应当得到分数中判给对手之外的剩余部分。

（c）如果两个参赛者都有过错，裁判应当取消这（些）副牌，并且判给一个或者多个人为调整分（参照第12条C款2）。

①包括错牌的结果。

3. 对于仅在一张桌上由相同或者多个的参赛者所打过的牌，主管单位可以作出不同的规定。对于每一副这样的牌所判给的分数可能与本款2规定不同。但是如果主管单位没有相关规定，则裁判依照上述规定执行。

第87条　错乱牌

A. 定义

如果裁判确定一副牌的牌张有一个（或者更多）放置方位有错误，或者在所复制的同一副牌上标明的发牌人或者局况不同，导致本来能够直接比较分数的参赛者所打的牌并不完全相同，即认定该副牌为错乱牌。

B. 双人赛和个人赛的记分

在对错乱牌进行记分时，裁判尽可能确定正确牌与错乱牌的分数，据此分组计算，并且依照比赛规定换算出每组的分数（如果缺乏相关规定，裁判选定某种方法并且公布）。

C. 团体赛的记分

参照第86条B款2。

第88条　补偿分的判给

参照第12条C款2。

第89条　个人赛中的纠正

参照第12条C款3。

第90条　程序性判罚

A. 裁判的权力

依照本规则执行纠正之外，裁判还可以对牌手过分拖延时间、妨碍比赛进行、让其他牌手感到不适、违反正确的比赛程序、要求判给调整分等犯规行为评定作出程序性判罚。

B. 程序性判罚针对的犯规行为

下列是程序性判罚针对的犯规行为的例子（但是不仅限于这些）：

1. 参赛者在规定的比赛开始时间之后到达赛场。
2. 参赛者打牌过分迟缓。
3. 讨论一副牌的叫牌、打牌或者结果，可能被其他桌的牌手听到。

4. 未经允许与其他参赛者比较分数。

5. 触摸或者拿起属于其他牌手的牌张（参照第7条）。

6. 把一个或者多个牌张放入牌套的错误的格（袋）中。

7. 违反比赛程序的错误（比如打牌前未能数清自己的牌张、打一副错牌等）导致依照要求判给任何参赛者调整分。

8. 未能遵守比赛的规定或者未能及时执行裁判的指令。

第91条　处罚或者停赛

A. 裁判的权力

在履行职责维护比赛秩序和纪律时，裁判有权对牌手或者参赛者评定作出纪律性判罚或者暂停该节或者该场中任何部分的比赛资格的判罚。裁判依照本款所作出的裁决为最终裁决（参照第93条B款3）。

B. 取消比赛资格的权利

经赛事组织方批准，裁判有权依照规定取消牌手或者参赛者的比赛资格。

第十一章　申诉

第92条　申诉权

A. 参赛者的权利

参赛者或者他的队长可以对裁判在他的比赛桌上所作出的任何裁定申请复核。任何缺乏规则依据的要求可能依照规定受到处罚。

B. 申诉时限

对裁判的裁定的申诉必须在正式成绩公布后30分钟之内提出，赛事组织方对申诉时限另有规定的除外。

C. 申诉办法

所有对裁定进行复核的申请应当通过裁判进行。

D. 申诉之前征求同意

符合下列情况，申诉才能受理：

1. 双人赛中，搭档的两名牌手都同意申诉（但是在个人赛中，申诉者不需要搭档的同意）。

2. 团体赛中，队长同意申诉。

第93条　申诉的程序

A. 没有设置仲裁委员会

如果没有设置仲裁委员会［或者没有依照第80条B款2（k）进行其他安排］，或者仲裁委员会的运作会妨碍比赛正常进行，裁判长负责听取一切申诉案件的陈述并且作出裁定。

B. 设置仲裁委员会

如果设置仲裁委员会（或者拥有授权的其他形式的委员会），则：

1. 对仅涉及规则或者比赛规定之类的申诉，由裁判长受理并且裁定。对他的裁决仍然可以向该委员会申诉。

2. 裁判长负责提交所有其他对于裁决的申诉。

3. 在裁决申诉时，仲裁委员会（或者拥有授权的其他形式的委员会）可以行使本规则赋予裁判的一切权力；但是不得否决裁判长基于规则或者规定的裁定，或者他依照第91条作出的纪律性判罚（仲裁委员会可以建议裁判长改判）。

C. 进一步申诉的可能性

1. 在上述程序全部进行之后，主管单位可以制定进一步申诉的程序。任何这样的进一步申诉，如果被判定为缺乏依据，则可能依照相关规定受到处罚。

2. 裁判长或者复核单位可以把事件提交主管单位进行研究讨论，主管单位对任何事件有最终的决定权和处置权。

3.（a）尽管以上1和2的内容对于比赛的进行已经是决定性的，主管单位仍然可以指派一个特定的赛事单位担负最终处理任何申诉的责任，并且，之后与申诉相关各方都受最终结果的约束。

（b）在充分通告参赛者的情况下，主管单位可以授权批准删除或者修改本规则中所安排的申诉程序中的上述阶段。[①]

---

①主管单位有责任遵守相关的国家法律。

附　录

附录一　同场牌赛场牌桌方向示意图

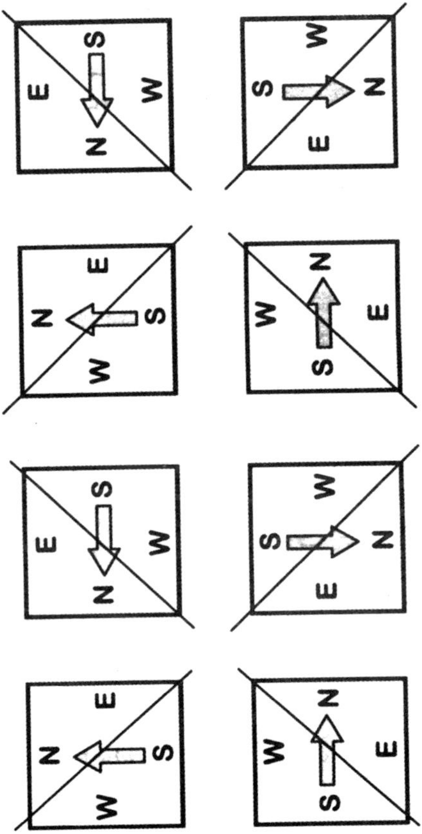

附录二　淘汰赛编排法

16队单败淘汰赛编排表

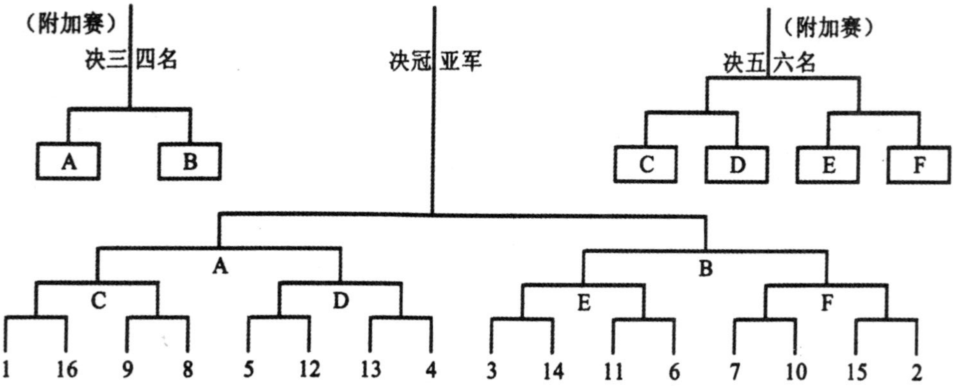

16队双败淘汰赛标准编排表

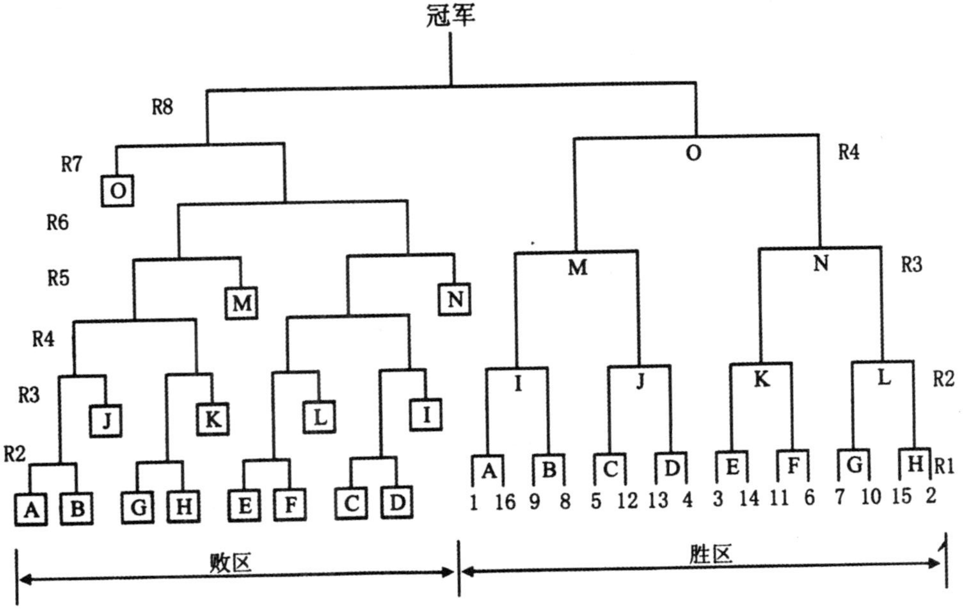

16队双败淘汰赛紧凑编排表

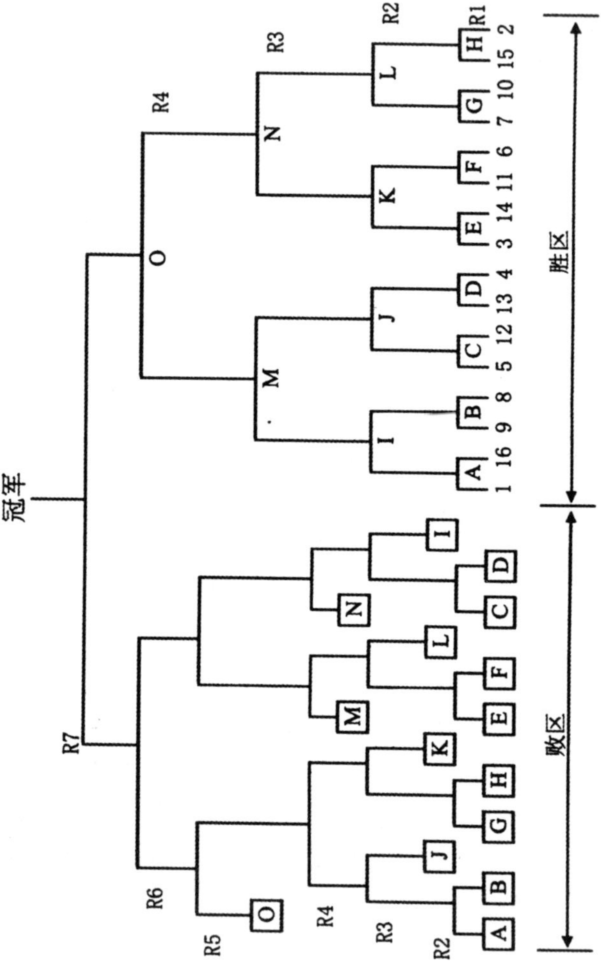

附录三　循环赛轮次表

4 队轮次表

轮次	1 桌	2 桌
1	2-3	1-4
2	3-1	4-2
3	1-2	3-4

6 队轮次表

轮次	1 桌	2 桌	3 桌
1	3-5	2-4	1-6
2	3-1	5-4	6-2
3	1-4	2-5	3-6
4	5-1	3-2	6-4
5	1-2	3-4	5-6

8 队轮次表

轮次	1 桌	2 桌	3 桌	4 桌
1	4-7	2-5	3-6	1-8
2	7-1	6-4	5-3	8-2
3	1-6	2-7	4-5	3-8
4	5-1	6-2	7-3	8-4
5	1-4	2-3	6-7	5-8
6	3-1	4-2	7-5	8-6
7	1-2	3-4	5-6	7-8

10 队轮次表

轮次	1 桌	2 桌	3 桌	4 桌	5 桌
1	5-9	2-6	3-7	4-8	1-10
2	9-1	8-5	6-3	7-4	10-2
3	1-8	2-9	5-7	4-6	3-10
4	3-1	5-2	8-6	9-7	10-4
5	1-6	2-7	3-8	4-9	5-10
6	7-1	3-2	9-8	5-4	10-6
7	1-4	2-8	3-5	6-9	7-10
8	5-1	4-2	9-3	7-6	10-8
9	1-2	3-4	5-6	7-8	9-10

12 队轮次表

轮次	1 桌	2 桌	3 桌	4 桌	5 桌	6 桌
1	6-11	2-7	3-8	4-9	5-10	1-12
2	11-1	10-6	7-3	8-4	9-5	12-2
3	1-10	2-11	6-9	4-7	5-8	3-12
4	9-1	10-2	11-3	8-6	7-5	12-4
5	1-8	2-9	3-10	4-11	6-7	5-12
6	7-1	8-2	9-3	10-4	11-5	12-6
7	1-6	2-3	4-5	8-10	9-11	7-12
8	5-1	4-2	6-3	9-7	11-10	12-8
9	1-4	2-6	3-5	7-10	8-11	9-12
10	3-1	5-2	6-4	11-7	9-8	12-10
11	1-2	3-4	5-6	7-8	9-10	11-12

14 队轮次表

轮次	1桌	2桌	3桌	4桌	5桌	6桌	7桌
1	7-13	2-8	3-9	4-10	5-11	6-12	1-14
2	13-1	12-7	8-3	9-4	10-5	11-6	14-2
3	1-12	2-13	7-11	4-8	5-9	6-10	3-14
4	11-1	12-2	13-3	10-7	8-5	9-6	14-4
5	1-10	2-11	3-12	4-13	7-9	6-8	5-14
6	3-1	5-2	7-4	11-9	13-10	12-8	14-6
7	1-8	2-9	3-10	4-11	5-12	6-13	7-14
8	9-1	3-2	5-4	7-6	13-12	11-10	14-8
9	1-6	2-4	3-7	5-13	10-12	8-11	9-14
10	7-1	6-2	5-3	12-4	9-8	13-11	14-10
11	1-4	5-7	3-6	2-10	9-12	8-13	11-14
12	5-1	7-2	6-4	11-3	10-8	13-9	14-12
13	1-2	3-4	5-6	7-8	9-10	11-12	13-14

16 队轮次表

轮次	1桌	2桌	3桌	4桌	5桌	6桌	7桌	8桌
1	8-15	2-9	3-10	4-11	5-12	6-13	7-14	1-16
2	15-1	14-8	9-3	10-4	11-5	12-6	13-7	16-2
3	1-14	2-15	8-13	4-9	5-10	6-11	7-12	3-16
4	13-1	14-2	15-3	12-8	9-5	10-6	11-7	16-4
5	1-12	2-13	3-14	4-15	8-11	6-9	7-10	5-16
6	11-1	12-2	13-3	14-4	15-5	10-8	9-7	16-6
7	1-10	2-11	3-12	4-13	5-14	6-15	8-9	7-16
8	9-1	10-2	11-3	12-4	13-5	14-6	15-7	16-8
9	1-8	2-7	3-6	4-5	10-15	11-14	12-13	9-16
10	7-1	8-2	5-3	6-4	15-9	13-11	14-12	16-10
11	1-6	2-5	3-8	4-7	9-14	10-13	12-15	11-16
12	5-1	6-2	7-3	8-4	13-9	14-10	15-11	16-12
13	1-4	2-3	5-8	6-7	9-12	10-11	14-15	13-16
14	3-1	4-2	7-5	8-6	11-9	12-10	15-13	16-14
15	1-2	3-4	5-6	7-8	9-10	11-12	13-14	15-16

18 队轮次表

轮次	1桌	2桌	3桌	4桌	5桌	6桌	7桌	8桌	9桌
1	9-17	2-10	3-11	4-12	5-13	6-14	7-15	8-16	1-18
2	17-1	16-9	10-3	11-4	12-5	13-6	14-7	15-8	18-2
3	1-16	2-17	9-15	4-10	5-11	6-12	7-13	8-14	3-18
4	15-1	16-2	17-3	14-9	10-5	11-6	12-7	13-8	18-4
5	1-14	2-15	3-16	4-17	9-13	6-10	7-11	8-12	5-18
6	13-1	14-2	15-3	16-4	17-5	12-9	10-7	11-8	18-6
7	1-12	2-13	3-14	4-15	5-16	6-17	9-11	8-10	7-18
8	3-1	5-2	7-4	9-6	13-11	15-12	17-14	16-10	18-8
9	1-10	2-11	3-12	4-13	5-14	6-15	7-16	8-17	9-18
10	11-1	3-2	7-6	5-4	9-8	17-16	15-14	13-12	18-10
11	1-8	2-6	3-9	4-14	5-7	10-13	15-17	12-16	11-18
12	9-1	8-2	7-3	6-4	15-5	16-14	11-10	17-13	18-12
13	1-6	2-4	3-8	5-9	7-17	12-14	11-16	10-15	13-18
14	7-1	9-2	5-3	8-4	16-6	15-13	17-11	12-10	18-14
15	1-4	2-12	3-6	7-9	5-8	10-17	11-14	13-16	15-18
16	5-1	7-2	13-3	9-4	8-6	14-10	17-12	15-11	18-16
17	1-2	3-4	5-6	7-8	9-10	11-12	13-14	15-16	17-18

20 队轮次表

轮次	1桌	2桌	3桌	4桌	5桌	6桌	7桌	8桌	9桌	10桌
1	10-19	2-11	3-12	4-13	5-14	6-15	7-16	8-17	9-18	1-20
2	19-1	18-10	11-3	12-4	13-5	14-6	15-7	16-8	17-9	20-2
3	1-18	2-19	10-17	4-11	5-12	6-13	7-14	8-15	9-16	3-20
4	17-1	18-2	19-3	16-10	11-5	12-6	13-7	14-8	15-9	20-4
5	1-16	2-17	3-18	4-19	10-15	6-11	7-12	8-13	9-14	5-20
6	15-1	16-2	17-3	18-4	19-5	14-10	11-7	12-8	13-9	20-6
7	1-14	2-15	3-16	4-17	5-18	6-19	10-13	8-11	9-12	7-20
8	13-1	14-2	15-3	16-4	17-5	18-6	19-7	12-10	11-9	20-8
9	1-12	2-13	3-14	4-15	5-16	6-17	7-18	8-19	10-11	9-20
10	11-1	12-2	13-3	14-4	15-5	16-6	17-7	18-8	19-9	20-10
11	1-10	2-3	4-5	6-7	8-9	12-13	14-15	16-17	18-19	11-20
12	9-1	8-2	7-3	6-4	10-5	14-11	16-13	18-15	19-17	20-12
13	1-8	2-6	3-9	4-10	5-7	11-15	12-17	14-19	16-18	13-20
14	7-1	9-2	5-3	8-4	10-6	18-11	16-12	19-13	17-15	20-14
15	1-6	2-4	3-8	5-9	7-10	11-19	12-18	13-17	14-16	15-20
16	5-1	7-2	10-3	9-4	8-6	17-11	19-12	15-13	18-14	20-16
17	1-4	2-10	3-6	5-8	7-9	11-16	12-14	13-18	15-19	17-20
18	3-1	5-2	7-4	9-6	10-8	13-11	15-12	17-14	19-16	20-18
19	1-2	3-4	5-6	7-8	9-10	11-12	13-14	15-16	17-18	19-20

22 队轮次表

轮次	1桌	2桌	3桌	4桌	5桌	6桌	7桌	8桌	9桌	10桌	11桌
1	11-21	2-12	3-13	4-14	5-15	6-16	7-17	8-18	9-19	10-20	1-22
2	21-1	20-11	12-3	13-4	14-5	15-6	16-7	17-8	18-9	19-10	22-2
3	1-20	2-21	11-19	4-12	5-13	6-14	7-15	8-16	9-17	10-18	3-22
4	19-1	20-2	21-3	18-11	12-5	13-6	14-7	15-8	16-9	17-10	22-4
5	1-18	2-19	3-20	4-21	11-17	6-12	7-13	8-14	9-15	10-16	5-22
6	17-1	18-2	19-3	20-4	21-5	16-11	12-7	13-8	14-9	15-10	22-6
7	1-16	2-17	3-18	4-19	5-20	6-21	11-15	8-12	9-13	10-14	7-22
8	15-1	16-2	17-3	18-4	19-5	20-6	21-7	14-11	12-9	13-10	22-8
9	1-14	2-15	3-16	4-17	5-18	6-19	7-20	8-21	11-13	10-12	9-22
10	3-1	5-2	7-4	9-6	11-8	20-12	15-13	17-14	19-16	21-18	22-10
11	1-12	2-13	3-14	4-15	5-16	6-17	7-18	8-19	9-20	10-21	11-22
12	13-1	3-2	9-8	5-4	11-10	7-6	15-14	17-16	19-18	21-20	22-12
13	1-10	2-8	3-11	4-6	5-9	7-19	12-15	14-20	16-18	17-21	13-22
14	11-1	10-2	9-3	8-4	7-5	18-6	13-12	21-15	20-16	19-17	22-14
15	1-8	2-6	3-10	4-16	5-11	7-9	12-17	13-20	14-18	19-21	15-22
16	9-1	11-2	7-3	10-4	17-5	8-6	14-12	21-13	19-15	20-18	22-16
17	1-6	2-4	3-8	7-11	5-10	9-21	12-19	13-18	14-16	15-20	17-22
18	7-1	9-2	5-3	11-4	20-8	10-6	16-12	19-13	21-14	17-15	22-18
19	1-4	2-14	3-6	7-10	5-8	9-11	13-16	15-18	17-20	12-21	19-22
20	5-1	7-2	15-3	9-4	10-8	11-6	18-12	21-16	19-14	17-13	22-20
21	1-2	3-4	5-6	7-8	9-10	11-12	13-14	15-16	17-18	19-20	21-22

24 队轮次表

轮次	1桌	2桌	3桌	4桌	5桌	6桌	7桌	8桌	9桌	10桌	11桌	12桌
1	12-23	2-13	3-14	4-15	5-16	6-17	7-18	8-19	9-20	10-21	11-22	1-24
2	23-1	22-12	13-3	14-4	15-5	16-6	17-7	18-8	19-9	20-10	21-11	24-2
3	1-22	2-23	12-21	4-13	5-14	6-15	7-16	8-17	9-18	10-19	11-20	3-24
4	21-1	22-2	23-3	20-12	13-5	14-6	15-7	16-8	17-9	18-10	19-11	24-4
5	1-20	2-21	3-22	4-23	12-19	6-13	7-14	8-15	9-16	10-17	11-18	5-24
6	19-1	20-2	21-3	22-4	23-5	18-12	13-7	14-8	15-9	16-10	17-11	24-6
7	1-18	2-19	3-20	4-21	5-22	6-23	12-17	8-13	9-14	10-15	11-16	7-24
8	17-1	18-2	19-3	20-4	21-5	22-6	23-7	16-12	13-9	14-10	15-11	24-8
9	1-16	2-17	3-18	4-19	5-20	6-21	7-22	8-23	12-15	10-13	11-14	9-24
10	15-1	16-2	17-3	18-4	19-5	20-6	21-7	22-8	23-9	14-12	13-11	24-10
11	1-14	2-15	3-16	4-17	5-18	6-19	7-20	8-21	9-22	10-23	12-13	11-24
12	13-1	14-2	15-3	16-4	17-5	18-6	19-7	20-8	21-9	22-10	23-11	24-12
13	1-12	2-10	3-11	4-9	5-7	6-8	14-22	15-23	16-21	17-19	18-20	13-24
14	11-1	12-2	10-3	8-4	9-5	7-6	23-13	22-15	20-16	21-17	19-18	24-14
15	1-10	2-11	3-12	4-7	5-8	6-9	13-22	14-23	16-19	17-20	18-21	15-24
16	9-1	7-2	8-3	12-4	10-5	11-6	21-13	19-14	20-15	22-17	23-18	24-16
17	1-8	2-9	3-7	4-11	5-12	6-10	13-20	14-21	15-19	16-23	18-22	17-24
18	7-1	8-2	9-3	10-4	11-5	12-6	19-13	20-14	21-15	22-16	23-17	24-18
19	1-6	2-3	4-5	7-12	8-10	9-11	13-18	14-15	16-17	20-22	21-23	19-24
20	5-1	4-2	6-3	9-7	12-8	11-10	17-13	16-14	18-15	21-19	23-22	24-20
21	1-4	2-6	3-5	7-10	8-11	9-12	13-16	14-18	15-17	19-22	20-23	21-24
22	3-1	5-2	6-4	11-7	9-8	12-10	15-13	17-14	18-16	23-19	21-20	24-22
23	1-2	3-4	5-6	7-8	9-10	11-12	13-14	15-16	17-18	19-20	21-22	23-24

附录四　VP换算表

6副牌VP换算表

IMP差	VP		IMP差	VP		IMP差	VP		IMP差	VP	
	胜方	负方		胜方	负方		胜方	负方		胜方	负方
0	10.00	10.00	10	14.25	5.75	20	17.12	2.88	30	19.06	0.94
1	10.50	9.50	11	14.59	5.41	21	17.35	2.65	31	19.22	0.78
2	10.99	9.01	12	14.92	5.08	22	17.58	2.42	32	19.37	0.63
3	11.46	8.54	13	15.24	4.76	23	17.79	2.21	33	19.51	0.49
4	11.90	8.10	14	15.54	4.46	24	17.99	2.01	34	19.65	0.35
5	12.33	7.67	15	15.83	4.17	25	18.19	1.81	35	19.78	0.22
6	12.75	7.25	16	16.11	3.89	26	18.38	1.62	36	19.91	0.09
7	13.15	6.85	17	16.38	3.62	27	18.56	1.44	37	20.00	0.00
8	13.53	6.47	18	16.64	3.36	28	18.73	1.27			
9	13.90	6.10	19	16.89	3.11	29	18.90	1.10			

8副牌VP换算表

IMP差	VP		IMP差	VP		IMP差	VP		IMP差	VP	
	胜方	负方		胜方	负方		胜方	负方		胜方	负方
0	10.00	10.00	11	14.09	5.91	22	16.90	3.10	33	18.83	1.17
1	10.44	9.56	12	14.39	5.61	23	17.11	2.89	34	18.97	1.03
2	10.86	9.14	13	14.68	5.32	24	17.31	2.69	35	19.11	0.89
3	11.27	8.73	14	14.96	5.04	25	17.50	2.50	36	19.24	0.76
4	11.67	8.33	15	15.23	4.77	26	17.69	2.31	37	19.37	0.63
5	12.05	7.95	16	15.50	4.50	27	17.87	2.13	38	19.50	0.50
6	12.42	7.58	17	15.75	4.25	28	18.04	1.96	39	19.62	0.38
7	12.77	7.23	18	16.00	4.00	29	18.21	1.79	40	19.74	0.26
8	13.12	6.88	19	16.23	3.77	30	18.37	1.63	41	19.85	0.15
9	13.45	6.55	20	16.46	3.54	31	18.53	1.47	42	19.95	0.05
10	13.78	6.22	21	16.68	3.32	32	18.68	1.32	43	20.00	0.00

10 副牌 VP 换算表

IMP差	VP		IMP差	VP		IMP差	VP		IMP差	VP	
	胜方	负方		胜方	负方		胜方	负方		胜方	负方
0	10.00	10.00	13	14.28	5.72	26	17.16	2.84	39	19.10	0.90
1	10.39	9.61	14	14.54	5.46	27	17.34	2.66	40	19.22	0.78
2	10.77	9.23	15	14.80	5.20	28	17.51	2.49	41	19.33	0.67
3	11.14	8.86	16	15.05	4.95	29	17.68	2.32	42	19.44	0.56
4	11.50	8.50	17	15.29	4.71	30	17.84	2.16	43	19.55	0.45
5	11.85	8.15	18	15.52	4.48	31	18.00	2.00	44	19.66	0.34
6	12.18	7.82	19	15.75	4.25	32	18.15	1.85	45	19.76	0.24
7	12.51	7.49	20	15.97	4.03	33	18.30	1.70	46	19.86	0.14
8	12.83	7.17	21	16.18	3.82	34	18.44	1.56	47	19.96	0.04
9	13.14	6.86	22	16.39	3.61	35	18.58	1.42	48	20.00	0.00
10	13.43	6.57	23	16.59	3.41	36	18.71	1.29			
11	13.72	6.28	24	16.78	3.22	37	18.84	1.16			
12	14.00	6.00	25	16.97	3.03	38	18.97	1.03			

12 副牌 VP 换算表

IMP差	VP		IMP差	VP		IMP差	VP		IMP差	VP	
	胜方	负方		胜方	负方		胜方	负方		胜方	负方
0	10.00	10.00	14	14.22	5.78	28	17.08	2.92	42	19.02	0.98
1	10.36	9.64	15	14.46	5.54	29	17.24	2.76	43	19.13	0.87
2	10.71	9.29	16	14.70	5.30	30	17.40	2.60	44	19.24	0.76
3	11.05	8.95	17	14.93	5.07	31	17.56	2.44	45	19.34	0.66
4	11.38	8.62	18	15.15	4.85	32	17.71	2.29	46	19.44	0.56
5	11.70	8.30	19	15.37	4.63	33	17.86	2.14	47	19.54	0.46
6	12.01	7.99	20	15.58	4.42	34	18.00	2.00	48	19.64	0.36
7	12.31	7.69	21	15.79	4.21	35	18.14	1.86	49	19.74	0.26
8	12.61	7.39	22	15.99	4.01	36	18.28	1.72	50	19.83	0.17
9	12.90	7.10	23	16.18	3.82	37	18.41	1.59	51	19.92	0.08
10	13.18	6.82	24	16.37	3.63	38	18.54	1.46	52	20.00	0.00
11	13.45	6.55	25	16.55	3.45	39	18.66	1.34			
12	13.71	6.29	26	16.73	3.27	40	18.78	1.22			
13	13.97	6.03	27	16.91	3.09	41	18.90	1.10			

14 副牌 VP 换算表

IMP差	VP		IMP差	VP		IMP差	VP		IMP差	VP	
	胜方	负方		胜方	负方		胜方	负方		胜方	负方
0	10.00	10.00	15	14.19	5.81	30	17.04	2.96	45	18.98	1.02
1	10.33	9.67	16	14.42	5.58	31	17.19	2.81	46	19.09	0.91
2	10.66	9.34	17	14.64	5.36	32	17.34	2.66	47	19.18	0.82
3	10.97	9.03	18	14.85	5.15	33	17.49	2.51	48	19.28	0.72
4	11.28	8.72	19	15.06	4.94	34	17.63	2.37	49	19.38	0.62
5	11.58	8.42	20	15.26	4.74	35	17.77	2.23	50	19.47	0.53
6	11.87	8.13	21	15.46	4.54	36	17.91	2.09	51	19.56	0.44
7	12.16	7.84	22	15.66	4.34	37	18.04	1.96	52	19.65	0.35
8	12.44	7.56	23	15.85	4.15	38	18.17	1.83	53	19.74	0.26
9	12.71	7.29	24	16.03	3.97	39	18.29	1.71	54	19.83	0.17
10	12.97	7.03	25	16.21	3.79	40	18.41	1.59	55	19.91	0.09
11	13.23	6.77	26	16.38	3.62	41	18.53	1.47	56	19.99	0.01
12	13.48	6.52	27	16.55	3.45	42	18.65	1.35	57	20.00	0.00
13	13.72	6.28	28	16.72	3.28	43	18.76	1.24			
14	13.96	6.04	29	16.88	3.12	44	18.87	1.13			

16 副牌 VP 换算表

IMP差	VP		IMP差	VP		IMP差	VP		IMP差	VP	
	胜方	负方		胜方	负方		胜方	负方		胜方	负方
0	10.00	10.00	16	14.18	5.82	32	17.03	2.97	48	18.97	1.03
1	10.31	9.69	17	14.39	5.61	33	17.17	2.83	49	19.07	0.93
2	10.61	9.39	18	14.60	5.40	34	17.31	2.69	50	19.16	0.84
3	10.91	9.09	19	14.80	5.20	35	17.45	2.55	51	19.25	0.75
4	11.20	8.80	20	15.00	5.00	36	17.59	2.41	52	19.34	0.66
5	11.48	8.52	21	15.19	4.81	37	17.72	2.28	53	19.43	0.57
6	11.76	8.24	22	15.38	4.62	38	17.85	2.15	54	19.52	0.48
7	12.03	7.97	23	15.56	4.44	39	17.97	2.03	55	19.61	0.39
8	12.29	7.71	24	15.74	4.26	40	18.09	1.91	56	19.69	0.31
9	12.55	7.45	25	15.92	4.08	41	18.21	1.79	57	19.77	0.23
10	12.80	7.20	26	16.09	3.91	42	18.33	1.67	58	19.85	0.15
11	13.04	6.96	27	16.26	3.74	43	18.44	1.56	59	19.93	0.07
12	13.28	6.72	28	16.42	3.58	44	18.55	1.45	60	20.00	0.00
13	13.52	6.48	29	16.58	3.42	45	18.66	1.34			
14	13.75	6.25	30	16.73	3.27	46	18.77	1.23			
15	13.97	6.03	31	16.88	3.12	47	18.87	1.13			

20 副牌 VP 换算表

IMP差	VP		IMP差	VP		IMP差	VP		IMP差	VP	
	胜方	负方		胜方	负方		胜方	负方		胜方	负方
0	10.00	10.00	18	14.20	5.80	36	17.06	2.94	54	19.00	1.00
1	10.28	9.72	19	14.39	5.61	37	17.19	2.81	55	19.09	0.91
2	10.55	9.45	20	14.58	5.42	38	17.32	2.68	56	19.17	0.83
3	10.82	9.18	21	14.76	5.24	39	17.44	2.56	57	19.25	0.75
4	11.08	8.92	22	14.96	5.04	40	17.56	2.44	58	19.33	0.67
5	11.34	8.66	23	15.11	4.89	41	17.68	2.32	59	19.41	0.59
6	11.59	8.41	24	15.28	4.72	42	17.79	2.21	60	19.49	0.51
7	11.83	8.17	25	15.45	4.55	43	17.90	2.10	61	19.57	0.43
8	12.07	7.93	26	15.61	4.39	44	18.01	1.99	62	19.65	0.35
9	12.30	7.70	27	15.77	4.23	45	18.12	1.88	63	19.72	0.28
10	12.53	7.47	28	15.93	4.07	46	18.23	1.77	64	19.79	0.21
11	12.76	7.24	29	16.08	3.92	47	18.33	1.67	65	19.86	0.14
12	12.98	7.02	30	16.23	3.77	48	18.43	1.57	66	19.93	0.07
13	13.20	6.80	31	16.38	3.62	49	18.53	1.47	67	19.99	0.01
14	13.41	6.59	32	16.52	3.48	50	18.63	1.37	68	20.00	0.00
15	13.61	6.39	33	16.66	3.34	51	18.73	1.27			
16	13.81	6.19	34	16.80	3.20	52	18.82	1.18			
17	14.01	5.99	35	16.93	3.07	53	18.91	1.09			

24 副牌 VP 换算表

IMP差	VP		IMP差	VP		IMP差	VP		IMP差	VP	
	胜方	负方		胜方	负方		胜方	负方		胜方	负方
0	10.00	10.00	19	14.08	5.92	38	16.89	3.11	57	18.82	1.18
1	10.25	9.75	20	14.26	5.74	39	17.01	2.99	58	18.90	1.10
2	10.50	9.50	21	14.43	5.57	40	17.13	2.87	59	18.98	1.02
3	10.75	9.25	22	14.60	5.40	41	17.25	2.75	60	19.06	0.94
4	10.99	9.01	23	14.76	5.24	42	17.36	2.64	61	19.14	0.86
5	11.23	8.77	24	14.92	5.08	43	17.47	2.53	62	19.22	0.78
6	11.46	8.54	25	15.08	4.92	44	17.58	2.42	63	19.30	0.70
7	11.68	8.32	26	15.24	4.76	45	17.69	2.31	64	19.37	0.63
8	11.90	8.10	27	15.39	4.61	46	17.79	2.21	65	19.44	0.56
9	12.12	7.88	28	15.54	4.46	47	17.89	2.11	66	19.51	0.49
10	12.33	7.67	29	15.69	4.31	48	17.99	2.01	67	19.58	0.42
11	12.54	7.46	30	15.83	4.17	49	18.09	1.91	68	19.65	0.35
12	12.75	7.25	31	15.97	4.03	50	18.19	1.81	69	19.72	0.28
13	12.95	7.05	32	16.11	3.89	51	18.29	1.71	70	19.79	0.21
14	13.15	6.85	33	16.25	3.75	52	18.38	1.62	71	19.85	0.15
15	13.34	6.66	34	16.38	3.62	53	18.47	1.53	72	19.91	0.09
16	13.53	6.47	35	16.51	3.49	54	18.56	1.44	73	19.97	0.03
17	13.72	6.28	36	16.64	3.36	55	18.65	1.35	74	20.00	0.00
18	13.90	6.10	37	16.77	3.23	56	18.74	1.26			

4～24 副牌 整数 VP 换算表

VP	4副	5副	6副	7副	8副	10副	12副	16副	20副	24副
10:10	0	0	0	0	0	0	0～1	0～1	0～1	0～1
11:9	1～2	1～2	1～2	1～2	1～3	1～3	2～4	2～4	2～5	2～5
12:8	3～4	3～4	3～4	3～5	4～6	4～6	5～7	5～8	6～9	6～10
13:7	5～6	5～6	5～7	6～8	7～9	7～9	8～11	9～12	10～14	11～15
14:6	7～8	7～9	8～10	9～11	10～12	10～13	12～15	13～17	15～19	16～21
15:5	9～11	10～12	11～13	12～14	13～16	14～17	16～19	18～22	20～25	22～27
16:4	12～14	13～15	14～17	15～18	17～20	18～22	20～24	23～28	26～31	28～34
17:3	15～17	16～19	18～21	19～23	21～25	23～27	25～30	29～35	32～39	35～43
18:2	18～21	20～24	22～26	24～28	26～30	28～34	31～37	36～43	40～48	44～53
19:1	22～26	25～30	27～32	29～35	31～38	35～42	38～46	44～53	49～60	54～65
20:0	≥27	≥31	≥33	≥36	≥39	≥43	≥47	≥54	≥61	≥66